GUIDA TURISTICA DI BALI

2024

Immergersi nel gioiello dell'Indonesia: il compagno ideale per esplorare la bellezza e la cultura di Bali

DOMINIC POPE

Copyright © di Dominic Pope, 2024.

Tutti i diritti riservati. Nessuna parte di questa pubblicazione può essere riprodotta, distribuita o trasmessa in qualsiasi forma o con qualsiasi mezzo, comprese fotocopie, registrazioni o altri metodi elettronici o meccanici, senza il previo consenso scritto dell'editore, tranne nel caso di brevi citazioni contenute in recensioni critiche e di alcuni altri usi non commerciali consentiti dalla legge sul copyright.

Benvenuti a Bali

Tabella dei contenuti

Capitolo 1..1
Benvenuti a Bali...1
   Introduzione a Bali..1
   Fatti su Bali..3
   Panoramica dei quartieri e dei distretti di Bali........5
   Consigli utili per i viaggiatori................................. 8

Capitolo 2... 11
Informazioni di viaggio essenziali........................11
   Consigli pratici per pianificare il viaggio...............11
   Requisiti per il visto e l'ingresso............................14
   Questioni di denaro e cambio valuta......................16

Capitolo 3...19
Come muoversi a Bali.. 19
   Aeroporti e trasporti.. 19
   Opzioni di trasporto (metropolitana, treni e autobus)..22
   Navigare in città: mappe e app di navigazione.......24

Capitolo 4...31
Opzioni di alloggio..31
   Panoramica delle opzioni di alloggio a Bali............31
   Hotel, ostelli e pensioni raccomandati in diverse zone.. 34
   Opzione economica..42

Capitolo 5.. 45
Esplorare la cultura di Bali................................... 45

 Comprendere le usanze e il galateo di Bali............. 45
 Arti e spettacoli tradizionali di Bali....................... 48
 Calendario dei festival e degli eventi..................... 51

Capitolo 6... 55

Attrazioni imperdibili.. 55

 Punti di riferimento iconici a Bali........................... 55
 Giardini e parchi a Bali.. 64
 Musei e gallerie che mostrano l'arte e la storia di Bali.. 71

Capitolo 7... 79

La cucina di Bali... 79

 Introduzione alla cucina di Bali............................... 79
 Piatti popolari e street food da provare.................. 82
 Galateo della tavola e ristoranti consigliati............ 84

Capitolo 8... 89

Shopping a Bali... 89

 Panoramica dei quartieri dello shopping a Bali...... 89
 Souvenir e regali da acquistare................................ 92
 Consigli per orientarsi nei grandi magazzini e nei mercati di Bali... 95

Capitolo 9... 99

Vita notturna e divertimento.................................... 99

 I quartieri della vita notturna a Bali........................ 99
 Bar e club a Bali.. 101
 Opzioni di intrattenimento tradizionali e moderne.. 104

Capitolo 10.. 109

Itinerari.. 109
    Itinerario di 1 settimana..109
    Escursioni alle attrazioni vicine a Bali....................113
    Consigli per un'esperienza memorabile a Bali........117
Capitolo 11...121
Informazioni sulla sicurezza............................... 121
    Contatti di emergenza e servizi medici Bali............121
    Consigli di sicurezza per i viaggiatori..................... 125
    Truffe da evitare..129
Conclusione... 133

Capitolo 1

Benvenuti a Bali

Introduzione a Bali

Benvenuti nella mistica isola di Bali, dove le antiche tradizioni si fondono perfettamente con la vivace modernità e i paesaggi lussureggianti invitano i viaggiatori a entrare in un mondo di ineguagliabile bellezza e avventura. Mentre intraprendere questo viaggio attraverso la nostra Guida di viaggio di Bali, permetteteci di essere la vostra bussola, guidandovi attraverso le meraviglie di questa affascinante destinazione.

Situata nel cuore dell'arcipelago indonesiano, Bali è rinomata per i suoi scenari naturali mozzafiato, il ricco patrimonio culturale e la calorosa ospitalità. Che siate alla ricerca di spiagge idilliache, di lussureggianti terrazze di riso o di illuminazione spirituale, Bali offre un arazzo di esperienze che lasceranno un segno indelebile nella vostra anima.

Preparatevi a rimanere incantati dai diversi paesaggi dell'isola, dalle drammatiche cime vulcaniche del Monte Agung e del Monte Batur alle serene coste di Nusa Dua e alle aspre scogliere di Uluwatu. Ogni angolo di Bali svela una nuova meraviglia, invitandovi a esplorare i suoi tesori nascosti e ad abbracciare lo spirito di avventura.

Ma Bali non è solo un paradiso tropicale: è un mosaico culturale dove tradizione e modernità si intrecciano in un colorato arazzo di rituali, festival ed espressioni artistiche. Immergetevi nei ritmi della musica tradizionale gamelan, assistete ai movimenti aggraziati della danza balinese e ammirate gli intricati intagli degli antichi templi che punteggiano il paesaggio.

Naturalmente, nessuna visita a Bali sarebbe completa senza assaggiare la sua squisita cucina, una stuzzicante fusione di sapori influenzati dalle tradizioni culinarie cinesi, indiane e indonesiane. Assecondate le vostre papille gustative con fragranti spiedini di satay, piccante salsa sambal chili e rinfrescanti frutti tropicali, serviti con una generosa dose di ospitalità balinese.

Ma forse l'aspetto più affascinante di Bali è la sua gente: calda, accogliente e profondamente spirituale. Dalle strade affollate di Denpasar ai tranquilli villaggi di Ubud, incontrerete sorrisi che riflettono un genuino senso di felicità e armonia. Prendetevi il tempo per entrare in contatto con la gente del posto, conoscere le loro storie e vivere in prima persona l'essenza della cultura balinese.

Nell'intraprendere il vostro viaggio a Bali, vi invitiamo ad aprire il cuore e la mente alle meraviglie che vi attendono. Che siate alla ricerca di relax, avventura o rinnovamento spirituale, Bali offre un rifugio per l'anima, dove ogni momento è infuso di magia e significato.

Preparate le valigie, stabilite le vostre intenzioni e preparatevi a vivere l'avventura di una vita. Bali vi aspetta: siete pronti a scoprirne i segreti?

Che il viaggio abbia inizio.

Fatti su Bali

Ecco alcuni fatti affascinanti su Bali:

1. Isola degli Dei: Bali è spesso chiamata "Isola degli Dei" per il suo ricco patrimonio spirituale e le migliaia di templi che punteggiano il suo paesaggio.

2. Origini vulcaniche: L'isola è formata da una catena di montagne vulcaniche, con il Monte Agung che è la cima più alta, a oltre 3.000 metri sul livello del mare.

3. Hub culturale: Bali ospita una miscela unica di cultura induista-balinese, evidente nell'architettura, nella danza, nella musica e nei rituali quotidiani. È l'unica provincia a maggioranza indù dell'Indonesia.

4. Giorno del Nyepi: Bali celebra il Nyepi, o il Giorno del Silenzio, come il Capodanno balinese. Durante questo giorno, l'intera isola si ferma, senza voli, senza attività e persino le strade sono vuote, perché la gente osserva il silenzio e la meditazione.

5. **Campi di riso a terrazza:** Le iconiche terrazze di riso di Bali, come quelle di Tegalalang e Jatiluwih, non solo sono di una bellezza mozzafiato, ma mostrano anche le tradizioni agricole secolari dell'isola.

6. **Ubud:** cuore culturale: Ubud, situata sulle alture di Bali, è considerata il cuore culturale dell'isola. È rinomata per le sue gallerie d'arte, i mercati di artigianato tradizionale e i vivaci spettacoli di danza.

7. **Diversa vita marina:** Bali offre opportunità di immersione e snorkeling di livello mondiale, con vibranti barriere coralline, pesci colorati e persino incontri con creature maestose come mante e pesci luna.

8. **Sacred Monkey Forest Sanctuary:** Situata a Ubud, questa lussureggiante foresta ospita oltre 700 scimmie balinesi dalla coda lunga. I visitatori possono passeggiare nel santuario e osservare queste creature giocose nel loro habitat naturale.

9. **Architettura balinese:** L'architettura tradizionale balinese è caratterizzata da templi in pietra intricatamente scolpiti, pagode e cancelli ornati noti

come "Candi Bentar" che simboleggia l'equilibrio tra il bene e il male.

10. Ritiri spirituali: Bali è una destinazione popolare per i ritiri spirituali e di benessere, che offre ritiri di yoga, centri di meditazione ed esperienze di guarigione olistica in un ambiente naturale sereno.

Queste sono solo alcune delle caratteristiche che rendono Bali una destinazione così affascinante, dove i viaggiatori possono immergersi nella cultura, nell'avventura e nella bellezza naturale come in nessun altro luogo al mondo.

Panoramica dei quartieri e dei distretti di Bali

I quartieri e i distretti di Bali offrono una vasta gamma di esperienze, dalle vivaci comunità sulla spiaggia ai tranquilli villaggi dell'entroterra. Ecco una panoramica di alcune delle aree più importanti dell'isola:

1. Kuta: Situata nella parte meridionale di Bali, Kuta è famosa per la sua atmosfera vivace, le strade affollate e le rinomate spiagge per il surf. È un centro per la vita notturna, lo shopping e gli sport acquatici, che attrae i viaggiatori in cerca di una vivace scena balneare.

2. Seminyak: Appena a nord di Kuta, Seminyak offre un'atmosfera più raffinata e sofisticata, con beach club chic, resort di lusso e boutique di alto livello. È un paradiso per i buongustai, con una pletora di ristoranti alla moda che servono cucina locale e internazionale.

3. Canggu: Conosciuta per la sua cultura surfistica rilassata e l'atmosfera bohémien, Canggu è emersa come punto di riferimento alla moda sulla costa occidentale di Bali. È costellata di caffè alla moda, bar sulla spiaggia e ville eleganti, che la rendono una delle mete preferite dai nomadi digitali e dagli espatriati.

4. Ubud: Immersa nelle lussureggianti colline del centro di Bali, Ubud è rinomata come il cuore culturale dell'isola. Qui si trovano gallerie d'arte, mercati di artigianato tradizionale e antichi templi, circondati da terrazze di riso color smeraldo e tranquille foreste pluviali. Ubud offre anche ritiri benessere, studi di yoga e centri di guarigione olistica per chi cerca un rinnovamento spirituale.

5. Jimbaran: Situata nella penisola meridionale di Bali, Jimbaran è famosa per le sue spiagge incontaminate, l'atmosfera tranquilla e la scena culinaria a base di pesce. È il luogo perfetto per rilassarsi e godere di tramonti spettacolari davanti a un barbecue di pesce sulla spiaggia.

6. Nusa Dua: Situata sulla costa sud-orientale, Nusa Dua è la principale destinazione turistica di Bali, nota per i suoi hotel di lusso, le spiagge incontaminate e i campi da golf di livello mondiale. È una scelta popolare per le famiglie e le coppie che cercano un rifugio appartato con tutti i comfort.

7. Uluwatu: Arroccata sulle scogliere frastagliate della penisola di Bukit, Uluwatu è rinomata per i suoi scenari drammatici, i leggendari surf breaks e i sacri templi marini. È un paradiso per i surfisti, gli amanti dell'avventura e gli appassionati di cultura, con viste mozzafiato sull'oceano e ipnotizzanti spettacoli di danza balinese presso l'iconico Tempio di Uluwatu.

8. Sanur: Situata sulla costa orientale di Bali, Sanur offre un'atmosfera più rilassata e tranquilla rispetto ai vivaci centri turistici del sud. È nota per le sue acque calme, le spiagge sabbiose e le vivaci barriere coralline, che la rendono ideale per nuotare, fare snorkeling e immersioni.

Questi sono solo alcuni dei numerosi quartieri e distretti che compongono l'arazzo del variegato paesaggio di Bali. Ogni zona offre il proprio fascino e le proprie attrazioni, assicurando che ogni viaggiatore possa trovare la propria fetta di paradiso su quest'isola incantevole.

Consigli utili per i viaggiatori

Per i viaggiatori che hanno in programma una visita a Bali, ecco alcuni consigli utili per migliorare la vostra esperienza e garantire un viaggio piacevole e senza intoppi:

1. Rispettare le usanze e la cultura locali: Bali è profondamente radicata nelle sue tradizioni indù-balinesi, quindi è essenziale rispettare le usanze e il galateo locali. Vestitevi in modo modesto quando visitate i templi, toglietevi le scarpe prima di entrare nei luoghi sacri e salutate sempre la gente del posto con un sorriso e un rispettoso "Om Swastika Stu" (ciao/arrivederci).

2. Rimanere idratati e protetti dal sole: Il clima tropicale di Bali può essere intenso, quindi è fondamentale rimanere idratati e proteggersi dal sole. Bevete molta acqua, soprattutto se trascorrete del tempo all'aperto, e usate creme solari, cappelli e occhiali da sole per proteggervi dai raggi UV.

3. Contrattare con rispetto: La contrattazione è comune a Bali, soprattutto nei mercati e nelle bancarelle. Anche se contrattare sui prezzi è normale, ricordatevi di farlo con rispetto e con un sorriso. Ricordate che un prezzo equo è vantaggioso sia per voi che per il venditore.

4. Attenzione al traffico: Il traffico a Bali può essere caotico, soprattutto nelle zone turistiche più frequentate come Kuta e Seminyak. Siate prudenti quando attraversate la strada e prendete in considerazione l'utilizzo di app di ride-hailing o il noleggio di uno scooter per navigare nel traffico in modo più efficiente.

5. Assaggiare la cucina locale in modo sicuro: la cucina balinese è deliziosa e varia, ma è essenziale essere cauti quando si prova il cibo di strada per evitare malattie alimentari. Limitatevi a ristoranti affidabili e con un elevato turnover e optate per piatti cotti piuttosto che per cibi crudi o non cotti.

6. Attenzione alle truffe: Sebbene la maggior parte delle persone a Bali sia amichevole e onesta, ci sono occasionalmente truffe che prendono di mira i turisti. Diffidate di sconosciuti troppo amichevoli che offrono consigli o servizi non richiesti e controllate sempre due volte i prezzi e le condizioni prima di fare acquisti o accordi.

7. Rimanere connessi: Acquistate una carta SIM locale all'arrivo o attivare un piano di roaming internazionale per rimanere connessi durante il vostro viaggio. Avere accesso ai dati mobili può essere prezioso per navigare, comunicare e accedere alle informazioni essenziali mentre esplorate Bali.

8. Attenzione ai rifiuti: Contribuite a preservare la bellezza naturale di Bali riducendo al minimo i rifiuti e sostenendo le pratiche eco-compatibili. Evitate la plastica monouso, riempite la vostra bottiglia d'acqua alle stazioni di rifornimento o portate con voi una bottiglia riutilizzabile e partecipate alle pulizie delle spiagge o alle iniziative comunitarie che promuovono la sostenibilità.

9. Assicurazione di viaggio: Considerate l'acquisto di un'assicurazione di viaggio prima del vostro viaggio a Bali per proteggervi da circostanze impreviste come emergenze mediche, cancellazioni del viaggio o perdita di effetti personali. Assicuratevi che la polizza copra attività come il surf, le immersioni o l'uso della moto, se intendete praticarle.

10. Abbracciare lo spirito di Bali: Soprattutto, abbracciare l'atmosfera rilassata e lo spirito incantevole di Bali. Prendetevi il tempo di rallentare, di immergervi nella bellezza naturale dell'isola e di entrare in contatto con la sua gente calda e accogliente. Che siate alla ricerca di avventura, relax o rinnovamento spirituale, Bali offre un rifugio per l'anima diverso da qualsiasi altro posto al mondo.

Capitolo 2

Informazioni di viaggio essenziali

Consigli pratici per pianificare il viaggio

Ecco alcuni consigli pratici da tenere in considerazione per organizzare il vostro viaggio a Bali:

1. Documenti di viaggio: Assicurarsi che il passaporto sia valido per almeno sei mesi oltre il soggiorno previsto a Bali. Verificate se avete bisogno di un visto in anticipo, a seconda della vostra nazionalità.

2. Il periodo migliore per visitarla: Bali ha un clima tropicale con due stagioni principali: quella umida (da ottobre a marzo) e quella secca (da aprile a settembre). La stagione secca è generalmente considerata il periodo migliore per visitarla, con meno precipitazioni e minore umidità.

3. Precauzioni sanitarie: Considerate di vaccinarsi contro malattie come l'epatite A e il tifo prima di recarvi a Bali. È inoltre consigliabile portare con sé un repellente per insetti per proteggersi dalle malattie trasmesse dalle zanzare come la febbre dengue.

4. Assicurazione di viaggio: Acquistare un'assicurazione di viaggio completa che copra le emergenze mediche, l'annullamento del viaggio e il furto o lo smarrimento degli effetti personali.

5. Valuta e denaro: La valuta ufficiale di Bali è la rupia indonesiana (IDR). È consigliabile portare con sé un mix di contanti e carte di credito/debito. I bancomat sono ampiamente disponibili nelle zone turistiche, ma informate la vostra banca dei vostri piani di viaggio per evitare problemi con le carte.

6. Usanze e galateo locali: Rispettare le usanze e le tradizioni balinesi, come ad esempio coprirsi le spalle e le ginocchia quando si visitano i templi, togliersi le scarpe prima di entrare in casa di qualcuno o in un tempio e usare la mano destra per dare e ricevere oggetti.

7. Trasporti: Noleggiare uno scooter o un autista privato sono opzioni popolari per spostarsi a Bali. In alternativa, si possono utilizzare le app di ride-hailing come Grab o Gojek per la comodità e l'economicità. Preparatevi al traffico intenso, soprattutto nelle zone turistiche più frequentate.

8. Contrattazione: La contrattazione è comune a Bali, soprattutto nei mercati e nelle bancarelle. Affrontate con un atteggiamento amichevole e siate pronti a negoziare per ottenere un prezzo equo.

9. Protezione solare: Il sole tropicale di Bali può essere intenso, quindi mettete in valigia una crema solare con un elevato SPF, occhiali da sole e un cappello a tesa larga per proteggervi dai raggi UV.

10. Rimanere idratati: Bere molta acqua, soprattutto nel clima caldo e umido di Bali. Optate per l'acqua in bottiglia o purificata per evitare problemi di stomaco.

11. Rispettare la natura: Contribuite a preservare la bellezza naturale di Bali smaltendo i rifiuti in modo responsabile, evitando la plastica monouso e sostenendo le imprese e le iniziative eco-compatibili.

12. Contatti di emergenza: Tenete a portata di mano un elenco di numeri di telefono importanti, tra cui l'ambasciata o il consolato, i servizi di emergenza locali e le informazioni di contatto della vostra struttura ricettiva.

Seguendo questi consigli pratici, potrete assicurarvi un'esperienza piacevole e senza intoppi mentre esplorate l'incantevole isola di Bali.

Requisiti per il visto e l'ingresso

I requisiti per il visto e l'ingresso a Bali dipendono dalla nazionalità e dalla durata del soggiorno previsto. Ecco una panoramica generale:

1. Ingresso senza visto: I cittadini di molti Paesi, tra cui Stati Uniti, Canada, Regno Unito, Australia e la maggior parte dei Paesi dell'Unione Europea, possono entrare in Indonesia senza visto per motivi turistici. Il soggiorno è consentito per un massimo di 30 giorni, non prorogabili.

2. Visto all'arrivo (VoA): Se provenite da un Paese che non ha diritto all'esenzione dal visto, potete ottenere un visto all'arrivo all'aeroporto internazionale Ngurah Rai di Bali o in altri punti di ingresso designati. Il VoA consente un soggiorno fino a 30 giorni e può essere prolungato una volta per altri 30 giorni.

3. Visto per visita sociale: Se prevedete di soggiornare a Bali per più di 30 giorni o avete bisogno di più ingressi, potete richiedere un visto per visita sociale (Visa Kunjungan Social/Budaya) presso un'ambasciata o un consolato indonesiano prima del vostro viaggio. Questo visto consente di soggiornare fino a 60 giorni e può essere ulteriormente esteso una volta in Indonesia.

4. Estensione del visto: Se desiderate prolungare il vostro soggiorno oltre la durata consentita del vostro ingresso senza visto o del visto all'arrivo, potete richiedere un'estensione del visto presso l'Ufficio Immigrazione di Bali. Le estensioni sono generalmente concesse per altri 30 giorni.

5. Requisiti del passaporto: Il passaporto deve essere valido per almeno sei mesi oltre il soggiorno previsto in Indonesia. Assicurarsi di avere almeno una pagina bianca sul passaporto per i timbri d'ingresso.

6. Assicuratevi di rispettare i termini del vostro visto o dell'ingresso senza visto per evitare di prolungare il soggiorno. Il superamento del visto può comportare multe, espulsioni o addirittura il divieto di rientrare in Indonesia in futuro.

7. Restrizioni COVID-19: Verificare la presenza di eventuali requisiti o restrizioni di ingresso specifici relativi alla COVID-19, come test pre-viaggio, regolamenti di quarantena o dichiarazioni sanitarie. Questi requisiti possono cambiare frequentemente, quindi è bene tenersi aggiornati con le ultime informazioni provenienti da fonti ufficiali.

È importante controllare i requisiti specifici per i visti e le norme d'ingresso per la propria nazionalità prima di recarsi a Bali, poiché possono variare a seconda del Paese di appartenenza. Contattare l'ambasciata o il consolato indonesiano più vicino per ottenere le informazioni più accurate e aggiornate sui visti e sui requisiti di ingresso.

Questioni di denaro e cambio valuta

Le questioni di denaro e il cambio di valuta sono considerazioni importanti quando si viaggia a Bali. Ecco alcuni consigli per aiutarvi a gestire le vostre finanze in modo efficace:

1. Valuta: La valuta ufficiale di Bali e dell'Indonesia è la Rupia indonesiana (IDR). I tagli comunemente utilizzati includono banconote da 1.000, 2.000, 5.000, 10.000, 20.000, 50.000 e 100.000 rupie, oltre a monete.

2. Tasso di cambio: Il tasso di cambio tra la valuta nazionale e la rupia indonesiana può fluttuare. È consigliabile controllare il tasso di cambio attuale prima del viaggio per avere un'idea di quanto vale il vostro denaro a Bali.

3. Cambio valuta: È possibile cambiare valuta estera in Rupiah indonesiani presso le banche, i cambiavalute autorizzati e gli sportelli di cambio valuta a Bali. Siate prudenti quando cambiate denaro e scegliete servizi di cambio affidabili per evitare truffe o di ricevere valuta contraffatta.

4. Bancomat: I bancomat sono ampiamente disponibili nelle zone turistiche, nelle città e nei principali centri abitati di Bali. La maggior parte dei bancomat accetta carte di debito e di credito internazionali, come Visa e MasterCard. Tuttavia, è bene essere consapevoli delle potenziali commissioni per l'utilizzo di carte straniere e informare la propria banca dei piani di viaggio per evitare problemi con le carte.

5. Limiti di prelievo: Gli sportelli bancomat di Bali possono avere dei limiti di prelievo, quindi pianificate i vostri prelievi di contanti di conseguenza. Inoltre, alcuni bancomat possono erogare tagli più piccoli, che possono essere utili per piccoli acquisti o per pagare servizi come i trasporti.

6. Carte di credito: Le principali carte di credito come Visa e MasterCard sono accettate in molti hotel, ristoranti, negozi e attrazioni turistiche di Bali, soprattutto nelle zone turistiche più popolari. Tuttavia, le strutture più piccole e i venditori locali possono accettare solo contanti, quindi è consigliabile portare con sé qualche Rupia per le piccole transazioni.

7. Assegni di viaggio: I traveler's cheques non sono comunemente accettati a Bali e potrebbe essere difficile trovare posti dove incassarli. In genere è più conveniente usare contanti o carte per le transazioni.

8. Mance: La mancia non è obbligatoria a Bali, ma è apprezzata per un buon servizio. Nei ristoranti, il servizio può essere già incluso nel conto. In caso contrario, è consuetudine lasciare una mancia di circa il 5-10% del conto totale.

9. Precauzioni per la sicurezza: Prestate attenzione quando trasportate grandi somme di denaro e fate attenzione a ciò che vi circonda, soprattutto nelle aree affollate o turistiche, per evitare furti o borseggi.

Se siete preparati e informati sul cambio di valuta e sulle questioni relative al denaro a Bali, potrete vivere un'esperienza di viaggio piacevole e senza problemi sull'isola.

Capitolo 3

Come muoversi a Bali

Aeroporti e trasporti

La navigazione negli aeroporti e nei trasporti di Bali è essenziale per un'esperienza di viaggio senza problemi. Ecco cosa dovete sapere:

Aeroporti:

1. Aeroporto internazionale Ngurah Rai (DPS):

Conosciuto anche come Aeroporto Internazionale di Denpasar, il DPS è il principale aeroporto di Bali. Situato vicino alla punta meridionale dell'isola, gestisce voli nazionali e internazionali. L'aeroporto offre diverse strutture, tra cui ristoranti, negozi, cambio valuta e servizi di trasporto.

Trasporti:

1. Taxi: I taxi sono un modo comodo per spostarsi a Bali, soprattutto per i trasferimenti dall'aeroporto e per le brevi distanze all'interno delle città. Assicuratevi di utilizzare taxi con tassametro o di negoziare la tariffa prima di iniziare il viaggio. Blue Bird Group e Grab sono compagnie di taxi affidabili che operano a Bali.

2. Applicazioni di ride-hailing: Le applicazioni di ride-hailing come Grab e Gojek sono alternative popolari ai taxi a Bali. Offrono tariffe competitive e consentono di prenotare comodamente le corse attraverso le applicazioni mobili.

3. Noleggio auto: Noleggiare un'auto è un'ottima opzione per esplorare Bali al proprio ritmo, soprattutto se avete intenzione di visitare aree remote o destinazioni fuori dai sentieri battuti. Molte società di noleggio auto offrono una gamma di veicoli, tra cui auto, SUV e moto.

4. Noleggio scooter: Il noleggio di scooter è un modo comune e conveniente per spostarsi a Bali, in particolare nelle aree più trafficate come Kuta, Seminyak e Ubud. Tuttavia, è bene prestare attenzione, indossare il casco e familiarizzare con le regole del traffico locale prima di guidare.

5. Autista privato: Assumere un autista privato per la giornata o per tour specifici è una scelta popolare per i viaggiatori che preferiscono la comodità e la flessibilità di avere una guida locale. Gli autisti privati possono anche offrire approfondimenti sulla cultura, la storia e le attrazioni di Bali.

6. Trasporto pubblico: Le opzioni di trasporto pubblico a Bali sono limitate, ma gli autobus (noti come bemos) e i minibus (noti come angkot) operano su alcune tratte, soprattutto nelle aree urbane. Tuttavia, potrebbero non essere l'opzione più comoda o efficiente per i turisti.

7. Noleggio biciclette: La bicicletta è un ottimo modo per esplorare Bali, soprattutto nelle zone più tranquille e nei villaggi rurali. Molti hotel e pensioni offrono servizi di noleggio biciclette, che vi permetteranno di esplorare le bellezze naturali dell'isola e la sua campagna.

Quando pianificate i vostri spostamenti a Bali, considerate fattori quali l'itinerario, il budget e le preferenze personali. Che scegliate taxi, app di ride-hailing, veicoli a noleggio o autisti privati, ci sono molte opzioni per soddisfare le vostre esigenze e preferenze di viaggio.

Opzioni di trasporto (metropolitana, treni e autobus)

A Bali, a differenza di altre grandi città, non esiste una rete metropolitana o ferroviaria completa. Tuttavia, esistono servizi di autobus limitati, soprattutto all'interno delle aree urbane, nonché modalità di trasporto alternative:

1. Autobus (Trans Sarbagita):

- Trans Sara Gita è un sistema di trasporto rapido in autobus che opera nella parte meridionale di Bali, collegando Denpasar, Kuta, Nusa Dua e altre aree principali. Offre un modo conveniente per viaggiare tra queste destinazioni, ma i percorsi e gli orari possono essere limitati.

- Sebbene il sistema di autobus possa essere conveniente per le brevi distanze all'interno delle aree urbane, potrebbe non coprire tutte le destinazioni turistiche o operare fino a tarda notte.

2. Minibus (Bemos e Angkot):

- I Bemos e gli Angkot sono piccoli minibus o furgoni che operano su percorsi specifici, principalmente all'interno di città e paesi. Sono un'opzione economica per gli spostamenti a breve distanza, ma i percorsi possono essere confusi e non sempre rispettano orari precisi.

- Questi minibus sono spesso affollati e potrebbero non essere l'opzione più comoda, soprattutto per i turisti che trasportano bagagli o che percorrono lunghe distanze.

3. Navette e autobus turistici:

- Molti hotel, resort e compagnie turistiche di Bali offrono servizi di navetta per gli ospiti, fornendo il trasporto verso le attrazioni turistiche più popolari, le spiagge e le aree commerciali.

- Inoltre, sono disponibili bus turistici e servizi navetta per i trasferimenti dall'aeroporto e per le visite giornaliere ad attrazioni come templi, terrazze di riso e siti culturali.

4. Applicazioni di ride-hailing:

- Le app di ride-hailing come Grab e Gojek sono opzioni popolari e convenienti per spostarsi a Bali, soprattutto per i viaggiatori che preferiscono un servizio porta a porta e tariffe fisse.

- Queste app offrono corse in auto e in moto, consentendo di prenotare il trasporto direttamente dal proprio smartphone. Sono molto diffuse nelle aree urbane e possono essere più affidabili dei taxi tradizionali.

5. Taxi:

- I taxi sono facilmente reperibili in zone turistiche come Kuta, Seminyak e Ubud. Cercate compagnie affidabili come Blue Bird Group, che gestiscono taxi con tassametro con un servizio affidabile e tariffe eque.

- Anche se i taxi possono essere convenienti per brevi spostamenti o per i trasferimenti dall'aeroporto, fate attenzione agli autisti che potrebbero cercare di negoziare tariffe fisse o fare percorsi più lunghi per gonfiare la tariffa.

Sebbene Bali non disponga di ampie opzioni di trasporto pubblico come metropolitane o treni, esistono comunque diversi modi per spostarsi sull'isola, a seconda del budget, della destinazione e delle preferenze. Sia che scegliate gli autobus, i minibus, le app di ride-hailing o i taxi, pianificate il vostro trasporto di conseguenza per sfruttare al meglio il vostro tempo a Bali.

Navigare in città: mappe e app di navigazione

La navigazione in città a Bali, in particolare nelle aree urbane come Denpasar, Kuta, Seminyak e Ubud, può essere facilitata dall'aiuto di mappe e app di navigazione. Ecco alcune opzioni da considerare:

1. **Google Map:** Google Maps è un'applicazione di navigazione affidabile e ampiamente utilizzata che

fornisce mappe dettagliate, aggiornamenti sul traffico in tempo reale e indicazioni per guidare, camminare e usare i mezzi pubblici. Copre la maggior parte delle aree di Bali, comprese le strade principali, le attrazioni e i punti di interesse. È anche possibile scaricare le mappe per l'uso offline, il che può essere utile se l'accesso a Internet è limitato.

2. **Waze:** Waze è un'applicazione di navigazione basata su una comunità che offre informazioni sul traffico in tempo reale, suggerimenti sul percorso e avvisi su pericoli stradali, incidenti e posti di blocco della polizia. È particolarmente utile per guidare a Bali, in quanto può aiutarvi a evitare gli ingorghi e a trovare i percorsi più rapidi per raggiungere la vostra destinazione.

3. **Maps.me:** Maps.me è un'applicazione di cartografia offline che consente di scaricare mappe dettagliate di Bali e di navigare senza connessione a Internet. È utile per i viaggiatori che vogliono esplorare le aree remote di Bali o avventurarsi fuori dai sentieri battuti. L'applicazione fornisce anche informazioni su ristoranti, hotel e attrazioni nelle vicinanze.

4. **Grab:** Grab è un'applicazione di ride-hailing che opera a Bali e in altri Paesi del Sud-Est asiatico. Oltre a prenotare corse, Grab offre il servizio "GrabCar" per il noleggio di auto private e "GrabBike" per i taxi in moto.

L'applicazione offre prezzi anticipati, tracciamento in tempo reale e pagamenti senza contanti, il che la rende comoda per spostarsi a Bali.

5. Gojek: Simile a Grab, Gojek è un'altra popolare applicazione di ride-hailing e consegna a domicilio a Bali. Oltre ai servizi di trasporto, Gojek offre un'ampia gamma di servizi su richiesta, tra cui la consegna di cibo, la spesa e i servizi di corriere. Si tratta di una comoda app all-in-one per le esigenze dei viaggiatori.

6. Alcune compagnie di trasporto locali a Bali hanno le loro app per prenotare taxi, servizi navetta e tour. Anche se queste app possono avere meno funzioni rispetto alle app internazionali come Grab e Gojek, possono comunque essere utili per trovare opzioni di trasporto specifiche per Bali.

Utilizzando le mappe e le app di navigazione, potrete navigare con sicurezza per le strade della città di Bali, sia che stiate guidando, camminando o utilizzando i mezzi pubblici. Queste app possono aiutarvi a scoprire nuovi luoghi, a non perdervi e a sfruttare al meglio il vostro tempo per esplorare le attrazioni e le gemme nascoste dell'isola.

Noleggiare biciclette e altri metodi di trasporto alternativi

Noleggiare biciclette ed esplorare metodi di trasporto alternativi può offrire modi unici ed ecologici per vivere i diversi paesaggi e la vibrante cultura di Bali. Ecco alcune opzioni da considerare:

1. Noleggio di biciclette:

- Molti hotel, pensioni e negozi di noleggio biciclette a Bali offrono biciclette a noleggio, consentendo di esplorare l'isola al vostro ritmo.

- La bicicletta è un modo popolare per scoprire la campagna panoramica di Bali, le terrazze di riso e le strade costiere. Potete noleggiare mountain bike, city bike o biciclette elettriche a seconda delle vostre preferenze e del vostro livello di abilità.

- Le aree più popolari per il ciclismo includono Ubud e i villaggi circostanti, dove potrete pedalare attraverso lussureggianti risaie, villaggi tradizionali balinesi e antichi templi.

2. Noleggio moto:

- Noleggiare una moto (scooter) è un modo comodo e conveniente per spostarsi a Bali, soprattutto per le brevi distanze e per esplorare destinazioni fuori dai sentieri battuti.

- Molte agenzie di noleggio offrono moto a noleggio giornaliero o settimanale, con possibilità di cambio automatico o manuale. Assicuratevi di avere una patente di guida internazionale valida e di indossare il casco durante la guida.

- Le moto offrono flessibilità e libertà per esplorare le spiagge, la campagna e le strade costiere panoramiche di Bali. Tuttavia, fate attenzione, soprattutto nelle strade trafficate e in quelle poco conosciute.

3. Ojek (mototaxi):

- L'ojek è un mezzo di trasporto molto diffuso a Bali, soprattutto per i brevi spostamenti all'interno delle città e dei paesi. È possibile chiamare un ojek dal ciglio della strada o utilizzare le app di ride-hailing come Gojek, che offrono servizi di mototaxi.

- Gli ojek sono comodi per muoversi nel traffico e raggiungere rapidamente le destinazioni, ma contrattate la tariffa in anticipo o utilizzate la funzione di stima della tariffa dell'app per evitare un sovrapprezzo.

4. Camminare:

- Esplorare a piedi è un modo piacevole per conoscere le strade, i vicoli e le attrazioni di Bali, soprattutto nelle aree pedonali come Ubud e Seminyak.

- Camminare permette di immergersi nella cultura locale, interagire con i residenti e scoprire gemme nascoste come l'arte di strada, i mercati e l'architettura tradizionale balinese.

5. Carrozze a cavallo (Cidomo):

- In alcune zone di Bali, come le isole Gili e alcune parti di Lombok, le carrozze trainate da cavalli, note come cidomo, sono utilizzate come mezzo di trasporto tradizionale.

- I cidomo si trovano comunemente nelle zone turistiche e possono essere noleggiati per brevi gite o visite turistiche. Tuttavia, è bene prestare attenzione al benessere degli animali e negoziare il prezzo in anticipo.

Scegliendo metodi di trasporto alternativi come biciclette, motociclette, passeggiate e carrozze a cavallo, potrete migliorare la vostra esperienza di viaggio a Bali e scoprire la bellezza dell'isola da una prospettiva diversa. Ricordate solo di dare priorità alla sicurezza, di rispettare le usanze locali e di godervi il viaggio al vostro ritmo.

Capitolo 4

Opzioni di alloggio

Panoramica delle opzioni di alloggio a Bali

Bali offre una vasta gamma di opzioni di alloggio per soddisfare il budget, le preferenze e lo stile di viaggio di ogni viaggiatore. Ecco una panoramica dei tipi di alloggio che potete trovare a Bali:

1. Villaggi e ville di lusso:

- Bali è rinomata per i suoi resort di lusso e le sue ville private, che offrono servizi di prima classe, viste mozzafiato sull'oceano e un servizio personalizzato.

- Queste strutture di lusso sono spesso dotate di piscine a sfioro, strutture termali, ristoranti gourmet e spaziose suite o ville con giardini privati e piscine a immersione.

- Le zone più gettonate per i resort e le ville di lusso sono Seminyak, Jimbaran, Nusa Dua e la campagna circostante di Ubud.

2. Hotel e pensioni di charme:

- I boutique hotel e le guesthouse di Bali offrono sistemazioni intime ed eleganti con un servizio personalizzato ed elementi di design unici.

- Queste strutture sono spesso di dimensioni più ridotte rispetto ai resort, ma offrono un ambiente accogliente e affascinante, insieme a servizi come piscine, ristoranti in loco e servizi termali.

- Potete trovare boutique hotel e pensioni in aree urbane come Seminyak, Canggu e Ubud, ma anche in villaggi più tranquilli sulla spiaggia e in ambienti rurali.

3. Hotel e ostelli economici:

- I viaggiatori attenti al budget possono trovare una varietà di hotel, ostelli e pensioni a prezzi accessibili a Bali, in particolare nelle zone turistiche più popolari come Kuta, Legian e Sanur.

- Queste strutture offrono servizi di base, camere pulite e confortevoli e servizi comuni come cucine condivise, aree comuni e alloggi in stile dormitorio.

- Gli hotel e gli ostelli economici sono un'ottima opzione per i viaggiatori zaino in spalla, per chi viaggia da solo e per i gruppi che vogliono risparmiare sull'alloggio mentre esplorano le attrazioni e le attività di Bali.

4. Case famiglia e pensioni:

- Gli alloggi in famiglia e le guesthouse offrono un'esperienza culturale autentica e coinvolgente, consentendo agli ospiti di soggiornare presso le famiglie locali e di sperimentare in prima persona l'ospitalità balinese.

- Queste sistemazioni sono spesso situate in villaggi tradizionali e offrono camere semplici e accoglienti con servizi in comune. Alcuni alloggi includono pasti cucinati in casa e attività culturali come parte dell'esperienza.

- Soggiornare in una famiglia o in una guesthouse è l'ideale per i viaggiatori che cercano un legame più profondo con la cultura, le tradizioni e lo stile di vita di Bali.

5. Eco-lodges e siti di glamping:

- Per i viaggiatori eco-consapevoli e gli amanti della natura, Bali offre eco-lodge e siti glamping immersi in lussureggianti foreste pluviali, terrazze di riso e spiagge.

- Queste strutture sostenibili danno priorità alla conservazione dell'ambiente e offrono esperienze di alloggio uniche, come bungalow di bambù, case sugli alberi e tende in stile safari.

- Gli eco-lodge e i siti di glamping offrono l'opportunità di svolgere attività ecologiche come l'escursionismo, il birdwatching e l'agricoltura biologica, consentendo agli ospiti di riconnettersi con la natura e di ridurre al minimo la propria impronta ecologica.

Che siate alla ricerca del lusso estremo, di un fascino accogliente, di un comfort economico, di un'immersione culturale o di un ritiro ecologico, Bali offre una vasta gamma di opzioni di alloggio per soddisfare le esigenze e le preferenze di ogni viaggiatore. È consigliabile prenotare gli alloggi in anticipo, soprattutto durante le stagioni di punta, per assicurarsi il soggiorno desiderato e sfruttare al meglio la propria esperienza a Bali.

Hotel, ostelli e pensioni raccomandati in diverse zone

Ecco alcuni hotel, ostelli e pensioni consigliati in diverse zone di Bali:

1. Seminyak:

- Lusso: Il Seminyak Beach Resort & Spa, Alila Seminyak, W Bali - Seminyak

- Boutique: The Colony Hotel Bali, Dash Hotel Seminyak, The Haven Bali Seminyak

- Economico: Grandmas Plus Hotel Seminyak, IZE Seminyak, The Bene Hotel

2. Ubud:

- Lusso: Viceroy Bali, Mandapa, una riserva Ritz-Carlton, Four Seasons Resort Bali at Sayan

- Boutique: Komaneka at Bisma, Bisma Eight, Purana Boutique Resort

- Economico: Giardino Tropicale di Ubud, Pertiwi Bisma 1, Sri Bungalows Ubud

3. Canggu:

- Lusso: COMO Uma Canggu, Hotel Tugu Bali, The Slow

- Boutique: Theanna Eco Villa and Spa, KTS Day Spa & Retreat, Tugu Hotel Canggu

- Budget: FRii Bali Echo Beach, Serenity Eco Guesthouse, Gypsy Moon Bali

4. Kuta:

- Lusso: Sheraton Bali Kuta Resort, Discovery Kartika Plaza Hotel, The Anvaya Beach Resort Bali

- Boutique: AlamKulKul Boutique Resort, Harper Kuta Bali, Sun Boutique Hotel

- Economico: Bedplus Backpacker, Cara Cara Inn, Pondok 2A Homestay

5. Nusa Dua:

- Lusso: The St. Regis Bali Resort, Samabe Bali Suites & Villas, The Laguna, a Luxury Collection Resort & Spa

- Boutique: The Royal Santrian Luxury Beach Villas, Inaya Putri Bali, Mulia Resort & Villas

- Economico: Amaris Hotel Pratama Nusa Dua, RedDoorz vicino all'ITDC Nusa Dua, ZenRooms Tanjung Benoa Pratama

6. Jimbaran:

- Lusso: Belmond Jimbaran Puri, Four Seasons Resort Bali at Jimbaran Bay, InterContinental Bali Resort

- Boutique: Le Meridien Bali Jimbaran, Jamahal Private Resort & Spa, Karma Jimbaran

- Economico: Kubu GWK Resort, Balangan Inn, Kupu Kupu Jimbaran Beach Club & Spa by L'OCCITANE

7. Sanur:

- Lusso: Fairmont Sanur Beach Bali, Maya Sanur Resort & Spa, Hyatt Regency Bali

- Boutique: Sudamala Suites & Villas, Kejora Suites, Griya Santrian

- Economico: Hotel Tamukami, Hotel Taksu Sanur, Little Pond Homestay

Questi consigli offrono una varietà di opzioni per soddisfare le diverse preferenze e budget in ogni area di Bali. Si consiglia di controllare le recensioni, i servizi e la disponibilità prima di prenotare e di considerare le vostre esigenze di viaggio e i vostri interessi specifici quando scegliete l'alloggio.

Opzione economica

Se siete alla ricerca di alloggi economici a Bali, ecco alcune raccomandazioni in diverse aree:

1. Seminyak:

- Economico: Grandmas Plus Hotel Seminyak, IZE Seminyak, The Bene Hotel

2. Ubud:

- Budget: Giardino Tropicale di Ubud, Pertiwi Bisma 1, Sri Bungalows Ubud

3. Canggu:

- Budget: FRii Bali Echo Beach, Serenity Eco Guesthouse, Gypsy Moon Bali

4. Kuta:

- Economico: Bedplus Backpacker, Cara Cara Inn, Pondok 2A Homestay

5. Nusa Dua:

- Budget: Amaris Hotel Pratama Nusa Dua, RedDoorz vicino a ITDC Nusa Dua, ZenRooms Tanjung Benoa Pratama

6. Jimbaran:

- Budget: Kubu GWK Resort, Balangan Inn, Kupu Kupu Jimbaran Beach Club & Spa by L'OCCITANE

7. Sanur:

- Economico: Hotel Tamukami, Hotel Taksu Sanur, Little Pond Homestay

Queste opzioni economiche offrono sistemazioni confortevoli a prezzi accessibili, ideali per i viaggiatori che desiderano risparmiare sui costi di alloggio mentre esplorano Bali. Assicuratevi di controllare i servizi, la posizione e le recensioni per trovare la soluzione più adatta al vostro budget e alle vostre preferenze.

Capitolo 5

Esplorare la cultura di Bali

Comprendere le usanze e il galateo di Bali

Comprendere le usanze e il galateo di Bali è essenziale per i viaggiatori per mostrare rispetto per la cultura locale e trarre il massimo dalla loro esperienza sull'isola. Ecco alcune linee guida fondamentali sulle usanze e il galateo da tenere a mente:

1. Rispetto della cultura e della religione balinese:

- Bali è prevalentemente induista e la religione gioca un ruolo importante nella vita quotidiana. I visitatori devono mostrare rispetto per le usanze, le tradizioni e le pratiche religiose balinesi.

- Quando visitate i templi, vestitevi in modo modesto e copritevi le spalle e le ginocchia. Spesso vengono forniti sarong e fasce per le visite ai templi e dovrebbero essere indossati in segno di rispetto.

- Evitate di puntare i piedi verso le persone o gli oggetti sacri, poiché nella cultura balinese i piedi sono considerati la parte più bassa del corpo.

- Fate attenzione alle cerimonie nei templi e alle festività religiose, poiché alcuni siti potrebbero essere chiusi ai visitatori o avere accesso limitato durante questi periodi.

2. Saluti e cortesia:

- I balinesi sono noti per la loro calda ospitalità e cordialità. Salutate la gente del posto con un sorriso e un educato "Selamat pagi" (buongiorno), "Selamat siang" (buon pomeriggio) o "Selamat malam" (buona sera).

- Usate un linguaggio e delle maniere rispettose quando interagite con la gente del posto, soprattutto con gli anziani e con coloro che occupano posizioni di autorità.

3. Gesti delle mani:

- Evitate di fare gesti aggressivi con le mani o di indicare con l'indice, perché possono essere considerati scortesi nella cultura balinese. Utilizzate invece un palmo aperto o un gesto con il pollice.

4. Offerte e templi:

- Le offerte, note come "canang sari", sono parte integrante dei rituali indù balinesi. Evitate di calpestare le offerte poste a terra e non disturbatele mai.

- Quando si entra in un tempio, seguire i percorsi indicati e rispettare eventuali cartellini o restrizioni. È consuetudine togliersi le scarpe prima di entrare nei templi.

5. Rispetto per la natura:

- L'ambiente naturale di Bali, tra cui risaie, foreste e spiagge, è considerato sacro. Mostrate rispetto per la natura evitando di gettare rifiuti, danneggiare la vegetazione o disturbare la fauna selvatica.

- Alcune aree possono avere regole o usanze relative alla balneazione o al nuoto, quindi osservate sempre la segnaletica locale e chiedete indicazioni in caso di dubbi.

6. Ospitalità e generosità:

- La cultura balinese attribuisce un grande valore all'ospitalità e alla generosità. Accettate gli inviti con gentilezza e mostrate apprezzamento per l'ospitalità che vi viene offerta.

- Se invitati a casa di qualcuno, è consuetudine portare un piccolo dono, come frutta o fiori, in segno di apprezzamento.

Osservando questi usi e costumi, i viaggiatori possono mostrare rispetto per la cultura balinese, favorire interazioni positive con la gente del posto e creare esperienze memorabili durante il loro soggiorno a Bali.

Arti e spettacoli tradizionali di Bali

Le arti e gli spettacoli tradizionali di Bali sono parte integrante del ricco patrimonio culturale dell'isola e mettono in mostra tradizioni, rituali ed espressioni artistiche secolari. Ecco alcune delle forme più importanti di arti e spettacoli tradizionali a Bali:

1. Danza balinese:

- La danza balinese è nota per i suoi movimenti intricati, i costumi vivaci e la narrazione espressiva. Esistono varie forme di danza balinese, tra cui le danze classiche come il Legong, il Barong e il Kecak, e le danze popolari come il Joged e il Panyembrama.

- Gli spettacoli di danza sono spesso accompagnati dalla musica tradizionale gamelan, con strumenti a percussione come metallofoni, gong e tamburi.

2. Musica Gamelan:

- Il Gamelan è una musica d'insieme tradizionale che svolge un ruolo centrale nella cultura balinese. L'ensemble è tipicamente composto da strumenti a percussione in bronzo, tra cui xilofoni, gong, tamburi e flauti di bambù.

- La musica Gamelan viene utilizzata in vari contesti, tra cui cerimonie religiose, rituali nei templi, spettacoli di danza e festival tradizionali.

3. Wayang Kulit (marionette d'ombra):

- Il Wayang Kulit è una forma tradizionale di teatro d'ombre in cui marionette di pelle intricatamente intagliate vengono manipolate dietro uno schermo retroilluminato per raccontare storie epiche della mitologia indù, come il Ramayana e il Mahabharata.

- Il dalang (burattinaio) narra abilmente le storie animando le marionette e dando voce ai personaggi, accompagnato da musica gamelan e canti vocali.

4. Batik e arte tessile:

- Il batik è una forma d'arte tessile tradizionale in cui la cera viene applicata al tessuto per creare motivi e disegni intricati. Il batik balinese presenta spesso motivi ispirati alla natura, alla mitologia e al simbolismo religioso.

- La tessitura è un'altra forma d'arte importante a Bali, con tecniche come l'ikat e il songket che producono tessuti dai motivi meravigliosi utilizzati per l'abbigliamento, i costumi cerimoniali e a scopo decorativo.

5. Scultura e intaglio del legno:

- L'intaglio del legno balinese è rinomato per l'accuratezza dei dettagli e la maestria, con artigiani che creano sculture intricate, maschere e intagli decorativi raffiguranti divinità, creature mitologiche e scene di vita quotidiana.

- Anche l'intaglio della pietra è una forma d'arte importante a Bali, con artisti che scolpiscono statue ornamentali, rilievi e decorazioni di templi dalla roccia vulcanica e dal calcare.

6. Pittura tradizionale:

- La pittura balinese comprende un'ampia gamma di stili e tecniche, tra cui la pittura classica tradizionale, l'arte moderna e le interpretazioni contemporanee dei temi balinesi.

- La pittura tradizionale spesso raffigura scene della mitologia indù, paesaggi balinesi, vita di villaggio e cerimonie religiose; gli artisti utilizzano pigmenti naturali e tinture derivate da piante e minerali.

7. Artigianato tradizionale:

- Gli artigiani balinesi producono una varietà di manufatti tradizionali, tra cui gioielli in argento e oro, ceramiche, cesti e sculture in pietra. Questi oggetti sono spesso realizzati con tecniche tradizionali tramandate da generazioni.

L'esperienza delle arti e degli spettacoli tradizionali di Bali offre ai visitatori uno sguardo sul ricco patrimonio culturale e sulle tradizioni artistiche dell'isola, fornendo una visione dei costumi, delle credenze e dei valori che danno forma alla società balinese. Assistere a uno spettacolo di danza ipnotico, ammirare intricate sculture in legno o conoscere antiche tecniche tessili: immergersi nell'offerta culturale di Bali è un'esperienza davvero arricchente.

Calendario dei festival e degli eventi

Bali è rinomata per i suoi vivaci festival ed eventi culturali, che mettono in mostra il ricco patrimonio dell'isola, le arti tradizionali e i rituali religiosi. Ecco un calendario che evidenzia alcuni dei festival e degli eventi più significativi di Bali:

1. Nyepi (Capodanno balinese): Celebrato a marzo (la data varia in base al calendario balinese), Nyepi è un giorno di silenzio, digiuno e meditazione. L'intera isola si ferma e non è consentita alcuna attività, compresi viaggi, lavoro e intrattenimento. La notte prima del Nyepi si svolgono vivaci processioni e sfilate di Ogoh-Ogoh con mostri giganti di cartapesta.

2. Galungan e Kuningan: Galungan segna la vittoria del dharma (bene) sull'adharma (male) e si celebra ogni 210 giorni secondo il calendario balinese. Il festival dura dieci giorni e i festeggiamenti principali si svolgono l'ultimo giorno. Il Kuningan, il giorno finale della celebrazione, prevede preghiere e offerte agli spiriti ancestrali.

3. Ubud Writers & Readers Festival: tenutosi ogni anno a Ubud in ottobre, questo festival letterario riunisce scrittori, poeti, giornalisti e pensatori di tutto il mondo per discussioni, workshop, presentazioni di libri e spettacoli culturali.

4. Bali Arts Festival: Il Bali Arts Festival (Pesta Kesenian Bali), che si svolge da giugno a luglio, è un mese di celebrazione delle arti, della musica, della danza e della cultura balinese. Il festival propone spettacoli, mostre, dimostrazioni di artigianato e competizioni tradizionali presso il Taman Werdhi Budaya Arts Center di Denpasar.

5. Bali Spirit Festival: Il Bali Spirit Festival, che si tiene a Ubud a marzo, è una celebrazione globale di yoga, danza, musica e benessere. Il festival propone workshop, concerti, sessioni di guarigione e incontri comunitari, attirando partecipanti da tutto il mondo.

6. Bali Kite Festival: Il Bali Kite Festival, che si svolge ogni anno da luglio ad agosto in varie località di Bali, mette in mostra aquiloni giganti di varie forme e colori che si librano nel cielo. Il festival comprende gare di aquiloni, spettacoli culturali e musica tradizionale.

7. Sanur Village Festival: In agosto, il Sanur Village Festival celebra il patrimonio culturale e l'ambiente marino della spiaggia di Sanur. Il festival propone mostre d'arte, eventi culinari, gare sportive, musica dal vivo e spettacoli tradizionali.

8. Bali Vegan Festival: Tenutosi in ottobre a Ubud, il Bali Vegan Festival promuove uno stile di vita a base vegetale attraverso workshop, dimostrazioni di cucina, lezioni di yoga e bancarelle di cibo vegano che offrono una varietà di cucina sana e sostenibile.

Questi sono solo alcuni dei numerosi festival ed eventi che si svolgono durante l'anno a Bali. Che siate interessati alla cultura tradizionale balinese, alle arti, alla musica, al benessere o alle delizie culinarie, sull'isola c'è sempre qualcosa di emozionante che arricchisce la vostra esperienza di viaggio.

Capitolo 6

Attrazioni imperdibili

Punti di riferimento iconici a Bali

Bali è nota per i suoi splendidi monumenti, che vanno dagli antichi templi alle meraviglie naturali. Ecco alcuni punti di riferimento iconici da non perdere quando si visita l'isola:

1. Tempio di Tanah Lot:

Arroccato su uno sperone roccioso lungo la costa sud-occidentale di Bali, Tanah Lot è uno dei templi marini più iconici dell'isola. È particolarmente famoso per le sue pittoresche vedute al tramonto e per il drammatico sfondo dell'oceano.

2. Tempio di Uluwatu:

Situato in cima a una scogliera che si affaccia sull'Oceano Indiano, il Tempio di Uluwatu è rinomato per la sua splendida vista sul tramonto e per gli spettacoli di danza tradizionale Kecak. Il tempio ospita anche una numerosa popolazione di scimmie.

3. Tempio di Besakih:

Conosciuto come il "Tempio Madre" di Bali, Besakih è il complesso di templi più grande e più sacro dell'isola. Situato alle pendici del Monte Agung, comprende numerosi templi dedicati alle divinità indù.

4. Terrazze di riso di Tegalalang:

These UNESCO-listed rice terraces near Ubud offer breathtaking panoramic views of emerald-green rice paddies cascading down the hillside. It's a popular spot for photography and cultural walks.

5. Foresta delle scimmie di Ubud:

Conosciuta anche come Sacred Monkey Forest Sanctuary, questa lussureggiante riserva naturale ospita un gruppo di macachi dalla coda lunga. I visitatori possono esplorare antichi templi, fitti sentieri nella giungla e serene statue ricoperte di muschio.

6. Kintamani e Monte Batur:

Situata sugli altopiani centrali di Bali, Kintamani offre una vista spettacolare sul vulcano attivo Mount Batur e sul suo lago cratere, il Lago Batur. È una destinazione popolare per il trekking e le visite turistiche.

7. Tempio di Tirta Empul:

Questo tempio dell'acqua santa vicino a Tampaksiring è famoso per la sua acqua di sorgente sacra, che si ritiene abbia proprietà curative. I visitatori possono partecipare ai tradizionali rituali di purificazione nelle piscine del tempio.

8. Pura Ulun Danu Bratan:

Situato sulle rive del lago Bratan a Bedugul, questo pittoresco tempio acquatico è dedicato alla dea del lago, Dewi Danu. È circondato da giardini lussureggianti e offre splendidi riflessi nelle acque calme del lago.

9. Altalena di Bali:

Situato in varie località dell'isola, il Bali Swing offre esperienze emozionanti in cui i visitatori possono dondolare sopra le valli della giungla lussureggiante, le terrazze di riso e le gole dei fiumi, offrendo viste panoramiche indimenticabili.

10. Gitgit a cascata:

Situata nel nord di Bali, Gitgit è una delle cascate più famose dell'isola, che si getta su scogliere rocciose in una fresca piscina sottostante. È un luogo popolare per nuotare e fare passeggiate nella natura.

Questi punti di riferimento iconici mostrano il ricco patrimonio culturale, la bellezza naturale e il significato spirituale di Bali, rendendoli attrazioni imperdibili per i viaggiatori che esplorano l'isola.

Giardini e parchi a Bali

Se Bali è rinomata per i suoi paesaggi lussureggianti e le sue bellezze naturali, i giardini e i parchi formali non sono così diffusi come altri tipi di attrazioni sull'isola. Tuttavia, a Bali ci sono ancora diversi giardini e parchi degni di nota, dove i visitatori possono godere di un ambiente tranquillo e di viste panoramiche. Eccone alcuni che vale la pena esplorare:

1. Giardino botanico di Bali (Giardino botanico di Bedugul):

Situato nelle fresche alture di Bedugul, il Giardino Botanico di Bali è il più grande giardino botanico dell'Indonesia. Esteso su 157 ettari, presenta una collezione diversificata di piante tropicali, tra cui orchidee, felci, palme e piante medicinali. I visitatori possono esplorare giardini tematici, percorsi a piedi e godere di viste panoramiche sulle montagne circostanti.

2. Tempio e giardino Taman Ayun:

Il Tempio Taman Ayun, situato a Mengwi, è circondato da un giardino e da un fossato meravigliosamente curati, che creano un ambiente sereno e pittoresco. Il complesso del tempio è caratterizzato da un'architettura tradizionale balinese, da sculture in pietra decorate e da tranquilli cortili, che lo rendono una popolare attrazione culturale e paesaggistica.

3. Spiaggia e penisola di Nusa Dua:

Nusa Dua è nota per le sue spiagge incontaminate e per i suoi parchi e giardini pubblici ben curati. I visitatori possono passeggiare lungo la costa panoramica, rilassarsi in gazebo ombreggiati sulla spiaggia o esplorare i giardini curati e i sentieri che costeggiano la penisola.

4. Parco culturale Garuda Wisnu Kencana (GWK):

Il GWK è un parco culturale situato nella parte meridionale di Bali, dedicato alla presentazione dell'arte, della cultura e della mitologia indonesiana. Oltre all'iconica statua del Garuda Wisnu Kencana, il parco presenta giardini paesaggistici, sculture e spettacoli culturali, offrendo ai visitatori una miscela unica di arte e natura.

5. Palazzo dell'acqua di Tirta Gangga:

Tirta Gangga, situato nella parte orientale di Bali, è un ex palazzo d'acqua reale circondato da giardini lussureggianti, stagni ornamentali e fontane. I visitatori possono esplorare i terreni tranquilli, ammirare l'architettura tradizionale balinese e godere dell'atmosfera serena di questo sito storico.

6. Giardino del Tempio Saraswati (Tempio del Loto):

Situato a Ubud, il Tempio Saraswati è rinomato per il suo splendido laghetto di loto e il suo giardino. L'ingresso del tempio è ornato da cancelli in pietra intricatamente scolpiti e da un sentiero fiancheggiato da fiori di loto, che creano un'atmosfera pacifica e spirituale.

Anche se a Bali i giardini e i parchi formali non sono così diffusi come in altre destinazioni, queste attrazioni offrono oasi di tranquillità dove i visitatori possono sfuggire alla frenesia della vita quotidiana e immergersi nella bellezza naturale e nel patrimonio culturale dell'isola.

Musei e gallerie che mostrano l'arte e la storia di Bali

Bali ospita numerosi musei e gallerie che presentano la ricca arte, cultura e storia dell'isola. Ecco alcune strutture di rilievo dove i visitatori possono esplorare il patrimonio artistico di Bali:

1. Museo ARMA (Museo d'Arte Agung Rai):

Situato a Ubud, il Museo ARMA è dedicato alla conservazione e alla promozione dell'arte e della cultura balinese. Ospita una vasta collezione di dipinti, sculture e manufatti balinesi tradizionali e contemporanei, oltre a mostre a rotazione di artisti locali e internazionali.

2. Museo d'arte Neka:

Situato a Ubud, il Neka Art Museum è rinomato per la sua vasta collezione di arte balinese e indonesiana. Il museo presenta dipinti tradizionali e moderni, sculture in legno e sculture, offrendo una panoramica delle tradizioni artistiche e del patrimonio culturale di Bali.

3. Museo Puri Lukisan (Palazzo dei dipinti):

Fondato nel 1956, il Museum Puri Lukisan è il più antico museo d'arte di Bali e si trova a Ubud. Presenta una vasta collezione di dipinti, disegni e sculture balinesi, con particolare attenzione all'arte balinese tradizionale e contemporanea.

4. Museo Le Mayeur:

Questo museo di Sanur è dedicato alle opere dell'artista belga Adrien-Jean Le Mayeur, che ha vissuto e dipinto a Bali a metà del XX secolo. Il museo espone i dipinti vivaci e romantici di Le Mayeur, oltre a manufatti personali e cimeli della sua vita a Bali.

5. Casa delle maschere e dei burattini Setia Darma:

Situata a Sukawati, vicino a Ubud, la Setia Darma House è un centro culturale e un museo che espone maschere e marionette tradizionali indonesiane. I visitatori possono esplorare una collezione di oltre 1.300 maschere e 5.700 marionette provenienti da varie regioni dell'Indonesia, tra cui Bali.

6. Museo Gedong Kirtya:

Situato a Singaraja, nel nord di Bali, il Museo Gedong Kirtya è dedicato alla conservazione del patrimonio scritto e delle tradizioni letterarie di Bali. Il museo ospita una vasta collezione di manoscritti antichi, manoscritti in foglie di palma (loncar) e documenti storici relativi alla cultura, alla religione e al folklore balinese.

7. Galleria Fili di vita:

Situata a Ubud, la Threads of Life Gallery espone tessuti tradizionali e tecniche di tessitura provenienti da tutta l'Indonesia, compresa Bali. I visitatori possono conoscere il significato culturale dei tessuti e le pratiche sostenibili dei tessitori e degli artigiani locali.

8. Museo d'arte classica e moderna Nyoman Gunarsa:

Fondato dall'artista balinese Nyoman Gunarsa, questo museo di Klungkung presenta una collezione diversificata di arte balinese classica e moderna. Il museo espone le opere di Gonars e di altri artisti contemporanei.

Questi musei e gallerie offrono esperienze coinvolgenti in cui i visitatori possono conoscere l'arte, la storia e le tradizioni culturali di Bali attraverso una vasta gamma di mostre e collezioni.

Capitolo 7

La cucina di Bali

Introduzione alla cucina di Bali

La cucina di Bali è un delizioso riflesso del suo ricco patrimonio culturale, che mescola i sapori autoctoni con le influenze della Cina, dell'India e dei paesi vicini del sud-est asiatico. Dalle spezie profumate ai frutti tropicali freschi, la scena culinaria di Bali offre un'allettante gamma di piatti per soddisfare ogni palato. Ecco un'introduzione alla cucina di Bali:

1. Il riso, l'alimento base: Il riso è la pietra miliare della cucina balinese e viene servito quasi a ogni pasto. Le fertili risaie dell'isola producono varietà di riso di alta qualità, tra cui il riso bianco, integrale e nero, che vengono utilizzate in una varietà di piatti.

2. Nasi Campur: Piatto popolare balinese, il nasi campur ("riso misto") consiste in una porzione di riso al vapore accompagnato da piccole porzioni di vari contorni, come verdure, carne, frutti di mare, tofu fritto e sambal (pasta di peperoncino). Ogni componente aggiunge al piatto un sapore e una consistenza unici.

3. Babi Guling: Il babi guling, o maialino da latte, è una specialità balinese spesso servita durante le cerimonie e le celebrazioni. Il maiale intero viene condito con una miscela di spezie, tra cui curcuma, coriandolo e citronella, prima di essere arrostito fino a diventare croccante e dorato. Il piatto viene tipicamente servito con riso e sambal.

4. Lawar: Il Lawar è un piatto tradizionale balinese a base di carne macinata (solitamente maiale o pollo), cocco, verdure e spezie. Viene spesso servito come contorno o accompagnamento al riso durante occasioni speciali e cerimonie. Il Lawar può essere preparato in vari modi e ogni regione ha la sua ricetta unica.

5. Sate Lilit: Il sate lilit è un tipo di satay balinese a base di carne macinata (solitamente pesce, pollo, maiale o manzo) mescolata con cocco grattugiato, latte di cocco e spezie aromatiche. Il composto viene poi avvolto intorno a bastoncini di bambù o steli di citronella e grigliato a fiamma viva, conferendo alla carne un sapore affumicato.

6. Bebek Betutu: Il Bebek betutu è un piatto tradizionale balinese che consiste in un anatra cotta a fuoco lento e farcita con una saporita miscela di spezie, tra cui curcuma, zenzero, galangal, scalogno e aglio. L'anatra viene avvolta in foglie di banano e arrostita lentamente o cotta al vapore finché non diventa tenera e aromatica.

7. Sambal balinese: Il sambal, o pasta di peperoncino, è un condimento base della cucina balinese, che aggiunge calore e sapore a molti piatti. Il sambal balinese è tipicamente composto da una miscela di peperoncini, scalogno, aglio, pasta di gamberi, succo di lime e spezie, che dà origine a una salsa piccante e aromatica che si accompagna a riso, carne e verdure.

8. Dolci balinesi: I dolci balinesi sono spesso a base di frutta tropicale, cocco, zucchero di palma e riso appiccicoso. Tra i dolci più popolari ci sono il pisang goreng (banane fritte), il bubur injin (budino di riso nero) e il klepon (palline di riso glutinoso ripiene di zucchero di palma e ricoperte di cocco grattugiato).

La cucina di Bali è un vibrante arazzo di sapori, consistenze e aromi che riflettono la diversità culturale e il patrimonio culinario dell'isola. Che si tratti di assaporare i piatti tradizionali in un warung (ristorante) locale, di assaporare il cibo di strada in un vivace mercato o di cenare in un ristorante raffinato, esplorare le delizie culinarie di Bali è un viaggio indimenticabile per i sensi.

Piatti popolari e street food da provare

Bali offre una vasta gamma di piatti deliziosi e street food che mettono in mostra il patrimonio culinario dell'isola e i suoi sapori vivaci. Ecco alcuni piatti e cibi di strada popolari da provare durante la vostra visita:

1. **Nasi Goreng:** Il nasi goreng, o riso fritto, è un classico piatto indonesiano molto apprezzato a Bali. Consiste in riso saltato in padella e condito con salsa di soia dolce, aglio, scalogno, peperoncino e vari ingredienti come pollo, gamberi, uova e verdure. Spesso viene servito con un contorno di sottaceti, krupuk (cracker) e sambal (pasta di peperoncino).

2. **Mie Goreng:** Il Mie goreng è un saporito piatto di pasta fritta in stile indonesiano a base di pasta all'uovo, verdure, uova e una saporita miscela di spezie e salse. Può essere personalizzato con proteine a scelta, come pollo, gamberi o tofu, ed è comunemente guarnito con scalogni fritti e lime fresco.

3. **Satay (Sate):** Il satay è un popolare street food indonesiano a base di carne allo spiedo e alla griglia, in genere pollo, manzo o agnello, marinata in una miscela di spezie e servita con un contorno di salsa di arachidi. Gli spiedini vengono grigliati a fiamma viva, conferendo un sapore affumicato alla carne tenera.

4. Bakso: Il bakso è una sostanziosa zuppa indonesiana a base di polpette di manzo o di pollo, tagliatelle, verdure e un brodo saporito. È spesso guarnita con scalogni fritti, foglie di sedano e salsa chili e si può trovare nelle bancarelle e nei warung di tutta Bali.

5. Gado-gado: Il gado-gado è un'insalata tradizionale indonesiana composta da un mix di verdure cotte al vapore, tofu, tempeh e uova sode, condite con una ricca salsa di arachidi. È un piatto rinfrescante e nutriente, perfetto per vegetariani e vegani.

6. Martabak: Il martabak è un popolare cibo di strada indonesiano che si presenta in due varianti: dolce e salato. Il martabak dolce è una frittella spessa ripiena di una miscela dolce di cioccolato, formaggio o arachidi, mentre il martabak salato è ripieno di carne macinata, uova e spezie, simile a una frittata ripiena.

7. Babi Guling: Il babi guling, o maialino da latte, è una specialità balinese che consiste in un maiale allo spiedo condito con una miscela di spezie, tra cui curcuma, aglio e zenzero. La pelle croccante e la carne tenera sono servite con riso al vapore, lawar (una tradizionale insalata di verdure balinese) e sambal matah (una salsa al peperoncino).

8. Pisang Goreng: I pisang goreng sono banane fritte ricoperte da una pastella croccante, che li rende uno spuntino o un dessert popolare a Bali. Vengono spesso serviti caldi e cosparsi di zucchero a velo o di latte condensato per una maggiore dolcezza.

9. Kopi Bali: Gli amanti del caffè dovrebbero provare il kopi Bali, o caffè balinese, noto per il suo sapore ricco e i metodi di lavorazione unici. Potete gustare una tazza di kopi Bali appena preparato nei caffè locali e nelle caffetterie di tutta l'isola.

10. Nasi Campur: Il Nasi campur, che significa "riso misto", è un piatto balinese che consiste in riso al vapore servito con piccole porzioni di vari contorni, come carne, verdure, tofu e sambal. È un ottimo modo per assaggiare una varietà di sapori in un unico pasto.

Questi sono solo alcuni dei tanti piatti e cibi di strada che vi aspettano a Bali. Sia che esplorano i vivaci mercati, che ceniate nei warung locali o che vi concediate ai ristoranti più raffinati, assicuratevi di assaporare i diversi sapori e le delizie culinarie di questo paradiso tropicale.

Galateo della tavola e ristoranti consigliati

Il galateo della tavola a Bali è simile a quello di altre parti dell'Indonesia, con alcune sfumature culturali uniche. Ecco alcuni consigli di galateo da tenere a mente quando si cena fuori a Bali:

1. **Lavarsi le mani:** Prima e dopo il pasto, è consuetudine lavarsi le mani. Alcuni ristoranti mettono a disposizione degli ospiti postazioni per il lavaggio delle mani o disinfettanti per le mani.

2. **Posti a sedere:** Nella cultura balinese, è comune che gli ospiti siedono a gambe incrociate su cuscini o sul pavimento, soprattutto durante i pasti tradizionali o le cerimonie. Tuttavia, nei ristoranti e negli ambienti più formali, in genere vengono forniti sedie e tavoli.

3. **Rispetto per gli anziani:** la cultura balinese pone grande enfasi sul rispetto per gli anziani. Quando si pranza con i balinesi o in ambienti tradizionali, si deve dare la precedenza agli ospiti più anziani e permettere loro di iniziare a mangiare per primi.

4. **Condividere il cibo:** Molti pasti balinesi sono serviti in stile familiare, con piatti disposti al centro del tavolo per essere condivisi. È buona norma prendere piccole porzioni di ogni piatto piuttosto che servirne di grandi.

5. **Mangiare con la mano destra:** Nella cultura indonesiana e balinese, la mano destra è usata per mangiare, mentre la sinistra è considerata impura e viene usata per compiti come tenere gli utensili o le tazze.

6. Utensili: Nella maggior parte dei ristoranti vengono forniti utensili come forchette, cucchiai e coltelli. Tuttavia, nei ristoranti più tradizionali o quando si mangia il cibo di strada locale, potrebbe essere necessario usare le mani o le bacchette fornite.

7. La mancia: Anche se la mancia non è obbligatoria a Bali, è apprezzata per un buon servizio. Il servizio è spesso incluso nel conto dei ristoranti, ma lasciare una piccola mancia aggiuntiva per un servizio eccezionale è un gesto carino.

Quando si tratta di cenare a Bali, troverete una vasta gamma di ristoranti che offrono cucine diverse, adatte a tutti i gusti e a tutte le tasche. Ecco alcuni ristoranti consigliati in diverse zone di Bali:

1. Ubud:

- Locavore: Conosciuto per la sua innovativa cucina da fattoria a tavola e per i suoi menù degustazione con ingredienti di stagione provenienti da fattorie locali.

- Ristorante Swept Away: Offre una cena sul fiume con un menù vario di piatti internazionali e indonesiani in un ambiente tranquillo.

2. Seminyak:

- Sarong: Un ristorante popolare che serve cucina asiatica moderna in un ambiente elegante, con un ampio menu di cocktail e una variegata carta dei vini.

- Merah Putih: Offre una cucina indonesiana contemporanea con particolare attenzione agli ingredienti freschi e di provenienza locale, serviti in un ambiente elegante e moderno.

3. Canggu:

- The Savage Kitchen: Specializzato in piatti sani e biologici preparati con ingredienti di provenienza locale, con opzioni per vegetariani, vegani e carnivori.

- La Brisa: ristorante e bar sulla spiaggia che offre cucina di ispirazione mediterranea, frutti di mare e cocktail, con una splendida vista sull'oceano.

4. Jimbaran:

- Menega Café: Un popolare ristorante di pesce situato sulla spiaggia di Jimbaran, che offre frutti di mare freschi grigliati su fiamme libere e serviti con salse tradizionali balinesi.

5. Nusa Dua:

- Bumbu Bali: Conosciuto per l'autentica cucina balinese e i metodi di cottura tradizionali, con un menù che presenta piatti classici e specialità regionali.

Questi sono solo alcuni consigli, e Bali offre innumerevoli opzioni culinarie che vanno dalle bancarelle di cibo di strada e dai warung locali ai ristoranti di lusso e agli stabilimenti di cucina raffinata. Esplorare la scena culinaria di Bali è parte integrante dell'esperienza di viaggio, quindi assicuratevi di assaggiare una varietà di piatti e sapori durante la vostra visita.

Capitolo 8

Shopping a Bali

Panoramica dei quartieri dello shopping a Bali

Bali offre una scena di shopping vivace e diversificata, con un'ampia gamma di mercati, boutique e quartieri commerciali che soddisfano ogni gusto e budget. Che siate alla ricerca di artigianato tradizionale, moda alla moda o souvenir unici, Bali ha qualcosa per tutti. Ecco una panoramica di alcuni dei principali quartieri dello shopping dell'isola:

1. Ubud: Conosciuta come il centro culturale e artistico di Bali, Ubud ospita una serie eclettica di negozi e boutique che vendono artigianato tradizionale balinese, opere d'arte, abbigliamento e gioielli. Il mercato centrale di Ubud è una tappa obbligata per acquistare prodotti artigianali, tra cui tessuti batik, sculture in legno, gioielli in argento e snack locali.

2. Seminyak: Seminyak è il quartiere dello shopping di lusso di Bali, che offre boutique di stilisti, negozi di moda chic ed eleganti negozi di articoli per la casa. Jalan Raya Seminyak e Jalan Kayu Aya (nota anche come Eat Street) sono costeggiate da negozi alla moda, gallerie d'arte e negozi di lifestyle che vendono abbigliamento, accessori e articoli per la casa di alta qualità.

3. Kuta: Kuta è il principale centro turistico di Bali ed è nota per i suoi vivaci mercati, le bancarelle e i centri commerciali. I visitatori possono curiosare nei negozi lungo Jalan Legian e Jalan Pantai Kuta per trovare un'ampia selezione di abbigliamento, accessori, souvenir e attrezzatura da surf a prezzi accessibili.

4. Canggu: Canggu è diventata una destinazione popolare per i caffè alla moda, le boutique di tendenza e i negozi di surf. L'area intorno a Batu Bolong e Berawa Beach è costellata di negozi in stile bohémien, concept store e mercati locali che vendono gioielli fatti a mano, costumi da bagno, abbigliamento da spiaggia e vintage.

5. Seminyak Square: Seminyak Square è un moderno complesso commerciale nel cuore di Seminyak, che offre un mix di marchi internazionali, boutique locali e negozi di souvenir. I visitatori possono acquistare abbigliamento, accessori, articoli per la casa e regali, oltre a cenare nei ristoranti e nei caffè della piazza.

6. Kerobokan: Kerobokan è nota per i suoi negozi di mobili e decorazioni per la casa, che offrono un'ampia gamma di prodotti artigianali balinesi e indonesiani. I visitatori possono esplorare i laboratori di mobili e gli showroom lungo Jalan Sunset Road e Jalan Raya Kerobokan per trovare pezzi unici di mobili in legno, tessuti, ceramiche e opere d'arte.

7. Sanur: Sanur offre un'esperienza di shopping più rilassata, con un mix di gallerie d'arte, negozi di artigianato e mercati sulla spiaggia. I visitatori possono passeggiare lungo Jalan Danau Tamblingan e Jalan Danau Poso per scoprire opere d'arte locali, abbigliamento batik, artigianato e souvenir.

8. Mercato di Sukawati: Situato vicino a Ubud, il mercato di Sukawati è uno dei più grandi mercati tradizionali di Bali e offre una vasta gamma di oggetti di artigianato, tessuti, sarong, sculture in legno e souvenir a prezzi vantaggiosi. È un mercato vivace dove i visitatori possono contrattare con i venditori e acquistare autentici prodotti balinesi.

Questi quartieri dello shopping a Bali offrono diverse esperienze di acquisto, dalle boutique di lusso e i negozi di design all'esplorazione dei mercati locali e dei negozi di artigianato tradizionale. Che siate a caccia di souvenir, moda, articoli per la casa o regali unici, la scena dello shopping di Bali ha qualcosa da offrire a tutti.

Souvenir e regali da acquistare

Bali offre un tesoro di souvenir e regali unici che riflettono la ricca cultura, l'arte e l'artigianato dell'isola. Che siate alla ricerca di artigianato tradizionale, accessori alla moda o prodotti locali, ecco alcuni souvenir e regali popolari da acquistare a Bali:

1. **Tessuti batik:** Il batik è una forma d'arte tradizionale indonesiana caratterizzata da motivi e disegni intricati. A Bali è possibile trovare una vasta gamma di tessuti batik, tra cui parei, sciarpe, tovaglie e tappezzerie, tutti caratterizzati da colori vivaci e motivi intricati.

2. **Sculture in legno:** Bali è rinomata per le sue squisite sculture in legno, che vanno da intricate sculture e statuette a pannelli e maschere decorative. Cercate statue in legno intagliate a mano di divinità e dee indù, danzatori balinesi, animali e creature mitiche come souvenir unici e oggetti di arredamento.

3. **Gioielli in argento:** Bali è famosa per i suoi gioielli in argento, realizzati da abili artigiani con tecniche tradizionali tramandate da generazioni. Si può trovare un'incredibile gamma di anelli, collane, bracciali e orecchini in argento ornati da intricati disegni ispirati ai motivi e ai simboli balinesi.

4. Kris balinese: Il kris è un pugnale tradizionale indonesiano con una caratteristica lama ondulata e manici ornati. Mentre le lame autentiche di kris antichi sono considerate artefatti culturali e possono essere soggette a restrizioni all'esportazione, è possibile trovare repliche di kris realizzate a scopo decorativo come souvenir e regali unici.

5. Wayang Kulit (marionette d'ombra): Il Wayang kulit è una forma tradizionale di marionetta d'ombra indonesiana che rappresenta scene di epica e folklore indù. Realizzate a mano in pelle, queste marionette dai dettagli intricati sono souvenir e oggetti decorativi unici, che catturano la magia della cultura e della narrazione balinese.

6. Ceramiche e vasellame balinese: Bali è la patria di talentuosi artisti della ceramica che producono una vasta gamma di vasellame, stoviglie e ceramiche decorative. Cercate vasi, ciotole, piatti e piastrelle in ceramica fatti a mano con motivi tradizionali balinesi e design contemporanei.

7. Strumenti tradizionali balinesi: Portate a casa i suoni di Bali con strumenti musicali tradizionali come il gamelan (ensemble di percussioni), il flauto (suling) e lo xilofono di bambù (angklung). Questi strumenti di ottima fattura sono regali unici per gli amanti della musica e gli appassionati di cultura.

8. Prodotti termali e per il benessere: Bali è nota per la sua cultura termale e i suoi trattamenti naturali per il benessere. Fate scorta di oli essenziali aromatici, balsami per massaggi alle erbe, prodotti naturali per la cura della pelle e rimedi tradizionali a base di erbe Jamu per ricreare l'esperienza termale a casa.

9. Artigianato locale e decorazioni per la casa: Esplorate i mercati e i villaggi artigianali di Bali per trovare una varietà di oggetti di artigianato e decorazioni per la casa, tra cui cesti intrecciati, mobili in rattan, maschere tradizionali, dipinti batik e sculture in pietra scolpita.

10. Caffè e tè biologici: Bali ospita rigogliose piantagioni di caffè e tenute di tè che producono caffè Arabica di alta qualità e tè speciali. Raccogliete sacchetti di chicchi di caffè coltivati localmente, caffè macinato o miscele di tè artigianali come souvenir saporiti per assaporare il gusto di Bali anche dopo il vostro viaggio.

Questi sono solo alcuni esempi dei tanti souvenir e regali unici che potete trovare a Bali. Sia che facciate acquisti nei vivaci mercati, nelle boutique o nei laboratori artigianali, prendetevi il tempo per esplorare le vivaci tradizioni artigianali di Bali e sostenere gli artigiani locali, trovando il ricordo perfetto della vostra visita sull'isola.

Consigli per orientarsi nei grandi magazzini e nei mercati di Bali

Navigare nei grandi magazzini e nei mercati di Bali può essere un'esperienza emozionante e gratificante, che offre un'ampia gamma di opportunità di shopping. Ecco alcuni consigli che vi aiuteranno a navigare con facilità nei grandi magazzini e nei mercati di Bali:

1. **Ricerca preventiva:** Prima di uscire per fare acquisti, documentatevi sui grandi magazzini e sui mercati che intendete visitare. Informatevi sulla loro ubicazione, sugli orari di apertura e sui tipi di prodotti che offrono per aiutarvi a pianificare il vostro itinerario di shopping.

2. **Portate contanti e spiccioli:** Mentre molti grandi magazzini e negozi più grandi di Bali accettano le carte di credito, i piccoli venditori nei mercati potrebbero preferire i pagamenti in contanti. Portate con voi una quantità sufficiente di rupie indonesiane (IDR) in vari tagli, perché avere spiccioli può essere utile per le contrattazioni.

3. **Contrattare:** La contrattazione è una pratica comune nei mercati di Bali, quindi non esitate a negoziare i prezzi con i venditori, soprattutto nei mercati tradizionali e nelle bancarelle di strada. Iniziate offrendo un prezzo inferiore a quello richiesto

inizialmente e siate pronti a contrattare fino a raggiungere un prezzo accettabile per entrambi.

4. Vestitevi in modo comodo: Indossate abiti comodi e scarpe adatte a camminare, poiché la navigazione nei mercati e nei grandi magazzini di Bali può comportare una discreta quantità di camminate e di posizioni in piedi. Considerate di indossare tessuti leggeri e traspiranti per rimanere freschi nel clima tropicale.

5. Rimanere idratati: Il clima tropicale di Bali può essere caldo e umido, soprattutto quando si fa shopping all'aperto nei mercati. Portate con voi una borraccia riutilizzabile e mantenetevi idratati bevendo molta acqua durante la giornata. In molte aree commerciali si trovano anche punti di ristoro e caffè che offrono bevande fredde e snack.

6. Tenete i vostri effetti personali al sicuro: Fate attenzione ai vostri effetti personali quando fate shopping in aree affollate per evitare furti o smarrimenti. Portate con voi una borsa o uno zaino sicuro per tenere gli oggetti di valore vicino a voi ed evitate di esporre gioielli costosi o oggetti elettronici.

7. Siate rispettosi e pazienti: Mostrate rispetto per i venditori e i negozianti essendo educati e cortesi durante le interazioni. Comprendete che la contrattazione fa parte della cultura locale, ma negoziate sempre in modo amichevole e rispettoso.

Siate pazienti, soprattutto nelle ore di punta dello shopping, quando la folla può essere più numerosa.

8. Esplorare fuori dai sentieri battuti: Mentre i mercati popolari come il Mercato dell'Arte di Ubud e il Mercato di Sukawati meritano di essere visitati, prendete in considerazione l'idea di esplorare i mercati meno conosciuti e i negozi locali per scoprire oggetti unici e sostenere i venditori più piccoli. Potreste imbattervi in gemme nascoste e souvenir autentici lontano dalla folla dei turisti.

9. Chiedete consigli: Non esitate a chiedere ai locali o al personale dell'hotel consigli sui migliori grandi magazzini e mercati da visitare in base alle vostre preferenze di shopping. Potranno fornirvi preziose indicazioni e consigli privilegiati per aiutarvi a sfruttare al meglio la vostra esperienza di shopping a Bali.

10. Godetevi l'esperienza: Fare shopping a Bali non significa solo acquistare souvenir e regali: è anche un'opportunità per immergersi nella vibrante cultura dell'isola e per entrare in contatto con artigiani e venditori locali. Godetevi i panorami, i suoni e i sapori di Bali mentre esplorate le sue diverse destinazioni per lo shopping.

Capitolo 9

Vita notturna e divertimento

I quartieri della vita notturna a Bali

Bali è rinomata per la sua vivace vita notturna, che offre una pletora di bar, club e luoghi di intrattenimento in grado di soddisfare ogni gusto e preferenza. Che siate alla ricerca di lounge sulla spiaggia, di vivaci discoteche o di spettacoli culturali, ecco alcuni dei quartieri più vivaci della vita notturna di Bali:

1. Seminyak: Seminyak è il centro della vita notturna di lusso di Bali, noto per i suoi beach club alla moda, i bar chic e i salotti eleganti. Esplorate Jalan Petitenget e Jalan Kayu Aya (nota anche come Eat Street) per scoprire una varietà di cocktail bar, locali con musica dal vivo e club sulla spiaggia dove ballare tutta la notte.

2. Kuta: Kuta è il principale centro turistico di Bali e offre una vivace vita notturna con un'abbondanza di bar, club e luoghi di intrattenimento. Dirigetevi verso Jalan Legian e Poppies Lane per trovare un mix di bar economici, ritrovi per backpacker e locali da ballo che si rivolgono a un pubblico più giovane.

3. Canggu: Canggu è diventata una destinazione popolare per i bar alla moda, i beach club e i locali con musica dal vivo. Esplorate le aree di Batu Bolong e Berawa Beach per scoprire bar sulla spiaggia, caffè a tema surf e centri culturali che offrono spettacoli di musica dal vivo e DJ set.

4. Ubud: Sebbene Ubud sia nota per le sue attrazioni culturali e i suoi dintorni tranquilli, offre anche una vivace vita notturna con una varietà di bar, caffè e locali di musica dal vivo. Esplorate Jalan Monkey Forest e Jalan Hanoman per trovare bar accoglienti, jazz lounge e centri culturali che ospitano spettacoli tradizionali balinesi.

5. Jimbaran: Jimbaran è famosa per i suoi ristoranti di pesce e per i ristoranti sulla spiaggia, ma offre anche una vita notturna rilassata con bar sulla spiaggia e lounge al tramonto. Recatevi alla baia di Jimbaran per gustare cene a base di pesce fresco accompagnate da musica dal vivo e viste panoramiche sull'oceano.

6. Legian: Situata tra Kuta e Seminyak, Legian offre un mix di bar, club e luoghi di intrattenimento per una clientela eterogenea. Esplorate Jalan Legian e Double Six Beach per trovare club sulla spiaggia, bar sportivi e locali con musica dal vivo dall'atmosfera rilassata.

7. Nusa Dua: Nusa Dua è nota per i suoi resort di lusso e per i ristoranti di alto livello, ma offre anche una sofisticata vita notturna con cocktail bar e beach club. Visitate la spiaggia di Nusa Dua per gustare cocktail al tramonto, cene sulla spiaggia e intrattenimento dal vivo in un ambiente raffinato.

8. Sanur: Sanur offre una vita notturna più rilassata rispetto ad altre zone di Bali, con bar e caffè sulla spiaggia che offrono musica dal vivo e spettacoli culturali. Esplorate la Sanur Beach Promenade per trovare bar accoglienti, ristoranti sul lungomare e centri culturali che presentano musica e danza balinese.

Questi vivaci quartieri della vita notturna di Bali offrono qualcosa per tutti, sia che siate alla ricerca di feste in riva al mare, spettacoli di musica dal vivo, mostre culturali o lounge rilassanti per rilassarvi e godervi la vita notturna dell'isola.

Bar e club a Bali

Bali vanta una vivace vita notturna con una vasta gamma di bar e club che soddisfano gusti e preferenze diverse. Ecco alcuni bar e club popolari di Bali dove potrete gustare cocktail, musica dal vivo e ballare:

1. Sky Garden Bali (Kuta): Sky Garden Bali è una delle discoteche più grandi e più popolari di Bali, con più piani che propongono diversi generi musicali, tra cui

EDM, hip-hop e hit della top 40. È noto per la sua atmosfera vibrante, i DJ dal vivo e le feste a tema.

2. La Favela (Seminyak): La Favela è un locale notturno e bar alla moda ospitato in un edificio coloniale restaurato, che offre un arredamento eclettico, giardini lussureggianti e bar multipli su diversi livelli. È noto per la sua variegata selezione musicale, i cocktail creativi e la vivace pista da ballo.

3. Mirror Bali Lounge and Club (Seminyak): Mirror Bali è un elegante night club e lounge con un design interno unico ispirato alla grandezza dei palazzi europei. Ospita DJ internazionali, spettacoli dal vivo ed eventi a tema, creando un'esperienza di vita notturna coinvolgente.

4. Potato Head Beach Club (Seminyak): Il Potato Head Beach Club è un locale iconico sulla spiaggia, noto per la sua splendida vista sul tramonto, la piscina a sfioro e l'eclettica selezione musicale. Dispone di diversi bar, ristoranti e di un grande prato all'aperto dove gli ospiti possono rilassarsi e assistere a spettacoli di musica dal vivo.

5. Omnia Bali (Uluwatu): Omnia Bali è un beach club e nightclub di lusso situato sulle scogliere di Uluwatu, che offre una vista mozzafiato sull'oceano e un intrattenimento di livello mondiale. Dispone di una splendida piscina a sfioro, cabine VIP e DJ internazionali che fanno girare i brani sullo sfondo dell'Oceano Indiano.

6. Red Ruby (Seminyak): Red Ruby è un popolare locale notturno e musicale noto per la sua atmosfera underground, il sistema audio all'avanguardia e gli eventi di musica elettronica. Ospita DJ locali e internazionali, performance dal vivo e feste a tema, attirando una folla eterogenea di appassionati di musica.

7. Old Man's (Canggu): Old Man's è un bar sulla spiaggia e un ritrovo per surfisti a Canggu, che offre un'atmosfera rilassata, birre fredde e spettacoli di musica dal vivo. È un luogo popolare per rilassarsi dopo una giornata di surf o di esplorazione della zona.

8. Single Fin Bali (Uluwatu): Single Fin Bali è un bar sulla scogliera e un paradiso per i surfisti che si affaccia sui famosi surf breaks di Uluwatu. È noto per le sue splendide viste sul tramonto, le sessioni di musica dal vivo e le feste del fine settimana che attirano una folla vivace di locali e viaggiatori.

9. Rock Bar Bali (Jimbaran): Rock Bar Bali è un bar iconico arroccato sulle rocce sopra l'Oceano Indiano, che offre viste panoramiche sul tramonto e cocktail innovativi. Accessibile tramite un'inclinazione della scogliera, è una destinazione da non perdere per il suo ambiente mozzafiato e la sua atmosfera elegante.

10. Jenja Bali (Seminyak): Jenja Bali è un locale notturno elegante e raffinato, noto per l'ambiente sofisticato, l'impianto audio all'avanguardia e la formazione internazionale di DJ. Ospita feste a tema, eventi speciali ed esclusive esperienze VIP per gli ospiti in cerca di un'esperienza di vita notturna di alto livello.

Questi sono solo alcuni esempi dei numerosi bar e club che Bali ha da offrire. Che siate alla ricerca di feste in riva al mare, locali di musica underground o lounge di lusso, troverete molte opzioni per godervi la vivace vita notturna di Bali.

Opzioni di intrattenimento tradizionali e moderne

Bali offre una vasta gamma di opzioni di intrattenimento tradizionali e moderne, fornendo ai visitatori esperienze culturali uniche e opportunità di svago. Ecco una panoramica di alcune scelte di intrattenimento tradizionali e moderne disponibili sull'isola:

Intrattenimento tradizionale:

1. Spettacoli di danza balinese: Scoprite il ricco patrimonio culturale di Bali attraverso spettacoli di danza tradizionale come Legong, Barong, Kecak e Wayang Kulit (marionette d'ombra). Questi spettacoli spesso rappresentano la mitologia e il folklore indù e sono accompagnati da musica gamelan dal vivo.

2. Spettacoli di musica gamelan: Il gamelan è una musica d'insieme tradizionale indonesiana con strumenti a percussione come metallofoni, xilofoni, tamburi e gong. Assistere a uno spettacolo di gamelan per immergervi nelle incantevoli melodie e nei ritmi della musica balinese.

3. Spettacoli di Wayang Kulit (marionette d'ombra): Il Wayang Kulit è una forma tradizionale di marionette in Indonesia, in cui pupazzi di pelle intricatamente intagliati vengono manipolati dietro uno schermo retroilluminato per raccontare storie tratte dalle epopee indù Ramayana e Mahabharata. Assistere a uno spettacolo di Wayang Kulit per vedere questa antica forma d'arte in azione.

4. Laboratori e lezioni culturali: Partecipate ai laboratori e alle lezioni culturali per imparare le arti e i mestieri tradizionali balinesi come la pittura batik, l'intaglio del legno, la creazione di offerte e la cucina balinese. Queste esperienze pratiche offrono una visione delle tradizioni artistiche e delle pratiche culturali di Bali.

5. Cerimonie e festival balinesi: Partecipate alle cerimonie e ai festival tradizionali balinesi per assistere a rituali religiosi, processioni e spettacoli culturali.

Eventi come il Galungan, il Nyepi (Capodanno balinese) e i festival dei templi offrono l'opportunità di sperimentare le tradizioni spirituali e culturali dell'isola.

Intrattenimento moderno:

1. Beach Club e Bar: Bali ospita una vivace scena di beach club, con locali come il Potato Head Beach Club, il Ku De Ta e il Finn's Beach Club che offrono viste mozzafiato sull'oceano, feste in piscina, musica dal vivo e DJ set. Rilassatevi a bordo piscina o ballate tutta la notte in questi eleganti locali sulla spiaggia.

2. Discoteche e feste da ballo: Esplorate la vita notturna di Bali nei famosi locali notturni e nelle feste da ballo in zone come Seminyak, Kuta e Canggu. Ballate al ritmo di DJ internazionali, partecipate a feste a tema e vivete la vibrante cultura dei club dell'isola.

3. Locali di musica dal vivo: Scoprite i locali di musica dal vivo e i bar di Bali che presentano band locali, artisti acustici e artisti internazionali. Dal rock al reggae, dal jazz al blues, troverete una varietà di generi musicali da gustare in locali come l'Old Man's, il Deus Ex Machina e il Laughing Buddha Bar.

4. Gallerie d'arte e centri culturali: Esplorate la scena artistica contemporanea di Bali presso le gallerie d'arte e i centri culturali che espongono opere di artisti locali e internazionali. Visitate luoghi come l'ARMA Museum, il Blanco Renaissance Museum e l'Ubud Art Market per apprezzare l'arte e la cultura balinese.

5. Avventura e attività all'aria aperta: Concedetevi avventure all'aria aperta e attività adrenaliniche come il surf, le immersioni subacquee, lo snorkeling, il rafting e il trekking nella giungla. Il paesaggio variegato di Bali offre infinite opportunità di ricreazione ed esplorazione all'aperto.

Sia che siate interessati alle esperienze culturali tradizionali o alle moderne opzioni di intrattenimento, Bali ha qualcosa da offrire a tutti. Prendetevi il tempo necessario per esplorare il ricco patrimonio culturale dell'isola, la vivace vita notturna e le avventure all'aria aperta per vivere un'esperienza davvero memorabile a Bali.

Capitolo 10

Itinerari

Itinerario di 1 settimana

Ecco un itinerario suggerito di una settimana per esplorare le diverse attrazioni ed esperienze che Bali ha da offrire:

Giorno 1: Arrivo a Bali

- Arrivo all'aeroporto internazionale Ngurah Rai di Denpasar.

- Effettuare il check-in in un alloggio in una zona centrale come Seminyak o Ubud.

- Trascorrete il pomeriggio rilassandosi in un vicino beach club o esplorando l'area locale.

- Gustate una deliziosa cena in un ristorante sulla spiaggia o in un caffè alla moda.

Giorno 2: Esplorazione culturale a Ubud

- Visitate il Santuario della Foresta Sacra delle Scimmie a Ubud e osservate i macachi giocosi nel loro habitat naturale.

- Esplorate la vivace scena artistica di Ubud visitando le gallerie d'arte e gli atelier lungo Jalan Raya Ubud.

- Assistere a uno spettacolo di danza tradizionale balinese presso un teatro o un centro culturale locale.

- Cenate in un ristorante tradizionale balinese e assaporate sapori autentici come il babi guling (maialino da latte) o il bebek betutu (anatra cotta a fuoco lento).

Giorno 3: Natura e avventura

- Fate un trekking all'alba fino alla cima del Monte Batur per godere di una vista mozzafiato sul paesaggio circostante.

- Visitate le terrazze di riso di Tegalalang e scoprite i metodi tradizionali di coltivazione del riso.

- Esplorate i dintorni lussureggianti della Foresta delle Scimmie di Ubud e fate una passeggiata nella natura.

- Rilassatevi e distendersi con un massaggio tradizionale balinese o un trattamento termale in un centro benessere locale.

Giorno 4: Giornata in spiaggia a Seminyak

- Trascorrete la giornata rilassandosi sulle bellissime spiagge di Seminyak, come Double Six Beach o Petitenget Beach.

- Praticate attività sportive acquatiche come il surf, lo snorkeling o lo stand-up paddle boarding.

- Esplorate i negozi, le boutique e i caffè alla moda lungo Jalan Kayu Aya (Eat Street).

- Ammirate il tramonto in un bar sulla spiaggia o in una lounge con un cocktail rinfrescante in mano.

5° giorno: esplorazione dell'isola

- Fate una gita di un giorno per esplorare le vicine isole di Nusa Penida o Nusa Lembongan.

- Scoprite spiagge meravigliose, acque cristalline e punti di riferimento iconici come Kelingking Beach e Broken Beach.

- Fate snorkeling o immersioni tra le vibranti barriere coralline e la variopinta vita marina.

- Gustate un pranzo a base di pesce con vista sull'oceano in un ristorante sulla spiaggia.

Giorno 6: Immersione culturale a Uluwatu

- Visitate il Tempio di Uluwatu, arroccato su una scogliera che domina l'Oceano Indiano.

- Assistente al famoso spettacolo di danza del fuoco Kecak nell'anfiteatro del Tempio di Uluwatu.

- Esplorate le vicine spiagge di Padang Padang e Dreamland per fare surf o prendere il sole.

- Cenate in un ristorante di pesce con vista panoramica sull'oceano e godetevi una cena memorabile sotto le stelle.

7° giorno: relax e partenza

- Trascorrere l'ultimo giorno a Bali rilassandosi in piscina o concedendovi una giornata di benessere in hotel.

- Acquistate souvenir e regali nei mercatini locali o nei negozi di souvenir.

- Godetevi un piacevole brunch in un caffè alla moda o in un ristorante sulla spiaggia.

- Trasferitevi all'aeroporto internazionale Ngurah Rai per il vostro volo di partenza, portando con voi i ricordi di una settimana indimenticabile a Bali.

Questo itinerario offre un mix equilibrato di esperienze culturali, avventure all'aria aperta, relax in spiaggia ed esplorazione dell'isola, permettendovi di sfruttare al meglio il vostro tempo a Bali. Sentitevi liberi di personalizzarlo in base ai vostri interessi, preferenze e stile di viaggio.

Escursioni alle attrazioni vicine a Bali

Bali è circondata da splendide bellezze naturali e punti di riferimento culturali, che la rendono la base perfetta per esplorare le attrazioni e le isole vicine. Ecco alcune escursioni consigliate per visitare le attrazioni vicine a Bali:

1. Gita di un giorno a Nusa Penida:

- Prendete un motoscafo da Bali a Nusa Penida, un'isola pittoresca nota per i suoi paesaggi drammatici e le sue spiagge incontaminate.

- Visitate punti di riferimento iconici come Kelingking Beach, Angel's Billabong, Broken Beach e Crystal Bay.

- Fate snorkeling o immersioni tra le vibranti barriere coralline e la variegata vita marina.

- Esplorare le gemme nascoste come Utah Beach, Diamond Beach e Tembeling Forest.

2. Gita di un giorno a Nusa Lembongan:

- Salite in barca da Bali a Nusa Lembongan, un'isola rilassata nota per le sue acque cristalline e l'atmosfera rilassata.

- Visitate Dream Beach, Mushroom Bay e Devil's Tear per ammirare la costa e praticare attività acquatiche.

- Esplorate le foreste di mangrovie, le fattorie di alghe e i villaggi tradizionali.

- Godetevi lo snorkeling, le immersioni, il surf o lo stand-up paddle boarding nelle acque incontaminate dell'isola.

3. Trekking all'alba sul Monte Batur:

- Intraprendere un trekking di prima mattina verso la cima del Monte Batur, un vulcano sacro di Bali.

- Assistente a un'alba mozzafiato sul paesaggio circostante e sulla caldera vulcanica.

- Godetevi le viste panoramiche del lago Batur e del monte Agung, la vetta più alta di Bali.

- Scendete dal vulcano e visitare le vicine sorgenti termali per un bagno rilassante.

4. Tour culturale di Bali Est:

- Esplorate il cuore culturale di Bali Est, visitando punti di riferimento come il Tempio di Besakih, il più grande e sacro complesso di templi di Bali.

- Scoprite villaggi tradizionali come Tenganan e Tirta Gangga, noti per i loro costumi e la loro architettura unici.

- Visitate il Palazzo dell'Acqua di Taman Ujung e il Palazzo dell'Acqua di Tirta Gangga, splendidi esempi di architettura reale e paesaggistica balinese.

- Scoprite i mestieri tradizionali come la tessitura, l'intaglio del legno e la lavorazione dell'argento nei laboratori locali.

5. Tour delle cascate e delle terrazze di riso:

- Visitate le cascate panoramiche come la cascata Tegenungan, la cascata Gitgit e la cascata Sekumpul, immerse nella giungla lussureggiante.

- Esplorate le Terrazze di Riso di Jatiluwih, patrimonio dell'UNESCO, famose per la loro straordinaria bellezza e per le pratiche agricole tradizionali.

- Fate trekking tra le risaie e scoprite l'antico sistema di irrigazione di Bali, noto come subak.

- Visitate i villaggi e i templi locali lungo il percorso per immergervi nella cultura e nella vita quotidiana balinese.

6. Safari e parco marino di Bali:

- Trascorrete una giornata al Bali Safari and Marine Park, che ospita oltre 100 specie di animali provenienti da tutto il mondo.

- Godetevi i safari in autobus attraverso habitat naturali come la savana africana e il subcontinente indiano.

- Assistete a spettacoli e performance di animali con elefanti, tigri e oranghi.

- Esplorate la sezione del parco marino e interagite con la vita marina attraverso mostre e attività educative.

7. Snorkeling e immersioni sull'isola di Menjangan:

- Fate una gita in barca da Bali l'isola di Menjangan, situata all'interno dei confini protetti del Parco Nazionale di Bali Ovest.

- Esplorate le vibranti barriere coralline e i giardini sottomarini che pullulano di pesci e specie marine colorate.

- Fate snorkeling o immersioni in siti popolari come Coral Garden, Eel Garden e The Wall.

- Godetevi le acque cristalline, l'eccellente visibilità e i diversi ecosistemi marini di questa riserva marina incontaminata.

Queste escursioni offrono una varietà di esperienze, dall'esplorazione di splendidi paesaggi naturali all'immersione nella cultura balinese e nella fauna selvatica. Scegliete una o più di queste attrazioni nelle vicinanze per arricchire il vostro itinerario a Bali e creare ricordi indimenticabili del vostro viaggio.

Consigli per un'esperienza memorabile a Bali

Per un'esperienza davvero memorabile a Bali, prendete in considerazione questi consigli da insider che vi aiuteranno a sfruttare al meglio il vostro viaggio:

1. Rispettare le usanze e le tradizioni locali: Bali è nota per la sua ricca cultura e spiritualità. Rispettate le usanze e le tradizioni locali vestendosi in modo modesto quando visitate i templi, partecipate alle cerimonie e interagite con la gente del posto. Imparate alcune frasi e saluti balinesi di base per dimostrare il vostro apprezzamento per la cultura.

2. Esplorare oltre i luoghi turistici: Mentre le attrazioni più popolari come Ubud, Seminyak e Kuta sono destinazioni imperdibili, non abbiate paura di esplorare le aree non battute per scoprire gemme nascoste ed esperienze autentiche. Avventuratevi nei villaggi rurali, visitate i mercati locali e interagite con la gente del posto per conoscere la vita quotidiana di Bali.

3. Assaggiare la cucina locale: La cucina balinese è varia e deliziosa, con una vasta gamma di piatti influenzati dalle tradizioni culinarie indonesiane, indiane, cinesi e olandesi. Non perdete l'occasione di assaggiare gli autentici piatti balinesi come il nasi goreng (riso fritto), i mie goreng (spaghetti fritti), il babi guling (maialino da latte) e il sate (carne allo spiedo). Visitate i warungs (ristoranti) locali e le bancarelle di strada per gustare piatti economici e saporiti.

4. Abbracciare il tempo dell'isola: Bali funziona con il proprio senso del tempo, noto come "djam karet" (tempo di gomma). Abbracciate il ritmo rilassato della vita isolana e concedetevi di rallentare, rilassarvi e godervi il momento. Non sorprendetevi se le cose non vanno sempre secondo i piani: il fascino di Bali è la sua natura imprevedibile e spontanea.

5. Rimanere attivi ed esplorare le attività all'aperto: Bali offre una vasta gamma di attività all'aperto per gli amanti dell'avventura e della natura. Che si tratti di surf, snorkeling, immersioni, escursioni a piedi o in bicicletta, non mancano i modi per rimanere attivi ed esplorare le bellezze naturali dell'isola. Approfittate dei diversi paesaggi di Bali, dalle lussureggianti terrazze di riso e montagne vulcaniche alle spiagge incontaminate e alle barriere coralline.

6. Praticare abitudini di viaggio sicure: Sebbene Bali sia generalmente una destinazione sicura per i viaggiatori, è essenziale praticare il buon senso e prendere precauzioni per garantire la vostra sicurezza e il vostro benessere. Fate attenzione ai vostri effetti personali, evitate di camminare da soli in zone isolate di notte e rimanete idratati e protetti dal sole quando esplorate le attrazioni all'aperto.

7. Vivere la scena del benessere di Bali: Bali è rinomata per le sue pratiche di benessere e di guarigione olistica, e offre una vasta gamma di trattamenti termali, ritiri yoga, corsi di meditazione e workshop sul benessere. Cogliete l'opportunità di coccolarvi con un massaggio tradizionale balinese, di partecipare a una lezione di yoga con vista sulle risaie o di concedervi un ritiro di benessere per ringiovanire il corpo e la mente.

8. Connettersi con la natura e la fauna selvatica: Bali ospita lussureggianti foreste pluviali, montagne sacre ed ecosistemi diversi che pullulano di animali selvatici. Prendetevi del tempo per entrare in contatto con la natura esplorando i parchi nazionali, i giardini botanici e le riserve naturali di Bali. Partecipate a tour e attività eco-compatibili che promuovono la conservazione e le pratiche di turismo sostenibile.

9. Catturare i ricordi in modo responsabile: I paesaggi mozzafiato e le attrazioni culturali di Bali ne fanno un paradiso per gli appassionati di fotografia. Quando scattate foto, siate rispettosi delle usanze locali e della privacy, soprattutto nelle aree sacre o sensibili.

Chiedete il permesso prima di fotografare le persone ed evitate comportamenti invadenti che possano disturbare l'ambiente o le comunità locali.

10. Mantenere una mentalità aperta e flessibile: Infine, mantenere una mentalità aperta e siate flessibili nei vostri piani. Bali è piena di sorprese e incontri inaspettati che possono arricchire la vostra esperienza di viaggio. Abbracciate la spontaneità, seguite la corrente e lasciatevi catturare dalla bellezza e dal calore di Bali e della sua gente.

Seguendo questi consigli, sarete ben equipaggiati per creare ricordi indimenticabili e vivere un'esperienza davvero memorabile a Bali.

Capitolo 11

Informazioni sulla sicurezza

Contatti di emergenza e servizi medici Bali

Quando si viaggia a Bali, è essenziale essere preparati per qualsiasi emergenza che possa verificarsi. Ecco alcuni importanti contatti di emergenza e servizi medici da tenere a mente:

Contatti di emergenza:

1. Servizi di emergenza (polizia, ambulanza, vigili del fuoco):

- Comporre il 112 per le emergenze generali (disponibile in tutto il Paese).

- Comporre il numero 110 per l'assistenza della polizia.

- Comporre il 118 o il 119 per i servizi di ambulanza.

2. Polizia turistica:

- L'unità di polizia turistica di Bali fornisce assistenza ai turisti in difficoltà, tra cui furti, incidenti e altre emergenze.

- Linea diretta della Polizia Turistica: +62 361 754 599

3. Ricerca e soccorso (SAR):

- Comporre il 115 per i servizi di ricerca e soccorso in caso di emergenze come incidenti, disastri naturali o escursionisti smarriti.

4. Contatti dell'ambasciata e del consolato:

- Contattare l'ambasciata o il consolato del proprio Paese a Bali per assistenza in caso di emergenza, smarrimento del passaporto o altri servizi consolari.

Servizi medici:

1. Ospedali e cliniche:

- **Siloam Hospitals Bali:** Situato a Kuta, il Siloam Hospitals Bali è una moderna struttura medica che offre un'ampia gamma di servizi medici, tra cui cure d'emergenza, interventi chirurgici e consultazioni specialistiche.

- **Indirizzo:** Jl. Sunset Road No. 818, Kuta, Badung, Bali

- **Telefono:** +62 361 779 900

- **Ospedale BIMC di Bali:** L'ospedale BIMC di Bali ha due sedi a Kuta e Nusa Dua e fornisce cure mediche di emergenza, servizi ambulatoriali e trattamenti specialistici.

- **Sede di Kuta:** Jl. By Pass Ngurah Rai No. 100X, Kuta, Badung e Bali

- **Telefono:** +62 361 761 263

- **Nusa Dua Località:** Kawasan ITDC Blok D, Nusa Dua, Badung, Bali

- **Telefono:** +62 361 3000 911

- **Ospedale Sanglah:** L'ospedale Sanglah di Denpasar, il più grande ospedale pubblico di Bali, offre servizi medici di emergenza, cure reumatologiche e trattamenti specialistici.

- **Indirizzo:** Jl. Kesehatan Selatan No. 1, Sanglah, Denpasar, Bali

- **Telefono:** +62 361 227 911

2. **Farmacie:**

- Le farmacie (apotek) sono ampiamente disponibili in tutta Bali, soprattutto nelle zone turistiche come Kuta, Seminyak e Ubud. Cercate farmacie con personale che parla inglese e un'ampia scelta di farmaci e prodotti sanitari.

3. **Servizi di evacuazione medica:**

- In caso di gravi emergenze mediche che richiedano l'evacuazione o il rimpatrio, considerate l'acquisto di un'assicurazione di viaggio con copertura di evacuazione medica. Società come Global Rescue e

Travel Guard offrono servizi di evacuazione medica a Bali e in tutto il mondo.

4. Assicurazione di viaggio:

- Prima di partire per Bali, assicuratevi di avere un'assicurazione di viaggio completa che copra le spese mediche, l'evacuazione di emergenza, la cancellazione del viaggio e altri eventi imprevisti. Tenete sempre con voi una copia della polizza assicurativa e le informazioni di contatto per le emergenze.

5. Test COVID-19 e protocolli sanitari:

- Rimanete aggiornati sui requisiti del test COVID-19, sui protocolli sanitari e sugli avvisi di viaggio emessi dalle autorità locali e dalle organizzazioni sanitarie. A Bali sono disponibili strutture per il test COVID-19 e cliniche che offrono test PCR e antigene per i viaggiatori che necessitano di test per viaggi internazionali o per motivi di salute.

Familiarizzando con questi contatti di emergenza e con i servizi medici, sarete meglio preparati a gestire eventuali emergenze o problemi di salute che potrebbero verificarsi durante il vostro soggiorno a Bali. È sempre meglio essere proattivi e avere un piano per affrontare situazioni inaspettate durante il viaggio.

Consigli di sicurezza per i viaggiatori

Viaggiare in una nuova destinazione come Bali è un'avventura emozionante, ma è importante dare priorità alla sicurezza per garantire un viaggio piacevole e senza intoppi. Ecco alcuni consigli di sicurezza per i viaggiatori che si recano a Bali:

Consigli di sicurezza generali:

1. Ricerca prima di partire:

- Prima di partire, familiarizzate con le usanze, la cultura, le leggi e il galateo locale di Bali.

- Fate ricerche sulle aree che intendete visitare, compresi gli alloggi, le opzioni di trasporto e le attrazioni turistiche.

2. Tenere d'occhio l'ambiente circostante:

- Siate vigili e consapevoli di ciò che vi circonda, soprattutto nelle aree turistiche affollate, nei mercati e negli snodi dei trasporti.

- Evitate di esporre in pubblico oggetti di valore come gioielli costosi, oggetti elettronici e grandi quantità di denaro contante.

3. Mettete al sicuro i vostri effetti personali:

- Tenete sempre al sicuro i vostri effetti personali, soprattutto nei luoghi affollati e nelle aree turistiche.

- Utilizzate una cintura portavalori o una borsa sicura per trasportare il passaporto, il denaro e i documenti importanti.

- Considerate l'utilizzo di un lucchetto o di un cavo di sicurezza per il vostro bagaglio quando viaggiate.

4. Rimanere in contatto:

- Tenete a portata di mano numeri di telefono, indirizzi e contatti di emergenza importanti, comprese le informazioni di contatto con l'ambasciata o il consolato.

- Rimanete in contatto con la famiglia e gli amici a casa e informatevi dei vostri piani di viaggio e della vostra sistemazione.

5. Utilizzare mezzi di trasporto affidabili:

- Scegliete opzioni di trasporto affidabili come taxi autorizzati, servizi di ride-sharing o navette dell'hotel.

- Evitate i taxi senza licenza e i mototaxi, soprattutto a tarda notte o in zone isolate.

6. Attenzione al traffico:

- Fate attenzione quando attraversate la strada, perché il traffico a Bali può essere caotico e imprevedibile.

- Guardate in entrambe le direzioni e utilizzate le strisce pedonali quando disponibili. Fate attenzione a scooter e motociclette, che sono mezzi di trasporto comuni a Bali.

Salute e benessere:

1. Rimanere idratati e protetti dal sole:

- Bevete molta acqua per rimanere idratati, soprattutto nel clima tropicale di Bali.

- Utilizzate una protezione solare con un elevato SPF e riapplicarla regolarmente, soprattutto se trascorrete del tempo all'aperto.

2. Praticare abitudini alimentari e idriche sicure:

- Evitate di consumare l'acqua del rubinetto e i cubetti di ghiaccio prodotti con l'acqua del rubinetto. Preferite l'acqua in bottiglia o filtrata.

- Siate prudenti quando mangiate cibo di strada e assicuratevi che sia cotto bene e servito caldo.

3. Prendere precauzioni contro le zanzare:

- Proteggetevi dalle punture di zanzara indossando maniche lunghe, usando un repellente per insetti e dormendo sotto una zanzariera, soprattutto nelle zone rurali.

- Considerate la possibilità di assumere farmaci antimalarici se viaggiate in aree remote o ad alto rischio.

Considerazioni culturali e ambientali:

1. Rispettare le usanze e le tradizioni locali:

- Quando si visitano templi e siti religiosi, vestirsi in modo modesto, coprendo le spalle e le ginocchia.

- Toglietevi le scarpe prima di entrare nei templi e in altri luoghi sacri in segno di rispetto.

2. Attenzione al comportamento:

- Evitate le manifestazioni d'affetto in pubblico, soprattutto nelle zone più conservatrici.

- Siate rispettosi quando scattate foto a persone, soprattutto locali, e chiedete sempre prima il permesso.

3. Proteggere l'ambiente:

- Praticate un turismo responsabile riducendo al minimo l'impatto ambientale e rispettando gli habitat naturali.

- Smaltire i rifiuti in modo corretto, riciclate quando possibile ed evitate la plastica monouso.

Seguendo questi consigli di sicurezza ed esercitando la massima cautela durante il viaggio, potete contribuire a garantire un'esperienza sicura e piacevole a Bali. Ricordate di fidarvi del vostro istinto, di informarvi e di adottare misure proattive per proteggere voi stessi e i vostri effetti personali mentre esplorate questa splendida isola.

Truffe da evitare

Sebbene Bali sia generalmente una destinazione sicura per i viaggiatori, è essenziale essere consapevoli delle potenziali truffe e delle trappole per turisti che possono verificarsi in qualsiasi destinazione turistica popolare. Ecco alcune truffe comuni da evitare quando si viaggia a Bali:

1. Truffe di taxi e trasporti:

- Attenzione ai tassisti che si rifiutano di usare il tassametro o insistono su un prezzo fisso molto più alto della tariffa standard. Utilizzate compagnie di taxi affidabili o app di ride-sharing per assicurarvi un prezzo equo.

- Fate attenzione ai tassisti non autorizzati negli aeroporti, nelle stazioni degli autobus e nelle zone turistiche, che potrebbero farvi pagare troppo o portarvi in destinazioni indesiderate.

2. Truffe nel cambio di denaro:

- Evitate di cambiare valuta con cambiavalute non autorizzate o con venditori ambulanti, perché potrebbero offrire tassi non equi o mettere in atto truffe come lo short changing o la contraffazione di denaro.

- Utilizzate servizi di cambio valuta affidabili come banche, sportelli di cambio valuta o cambiavalute autorizzati con tariffe chiaramente esposte e documentazione adeguata.

3. Frodi con le carte di credito:

- Proteggete i dati della vostra carta di credito e siate prudenti quando utilizzate gli sportelli bancomat, soprattutto nelle zone turistiche dove potrebbero essere installati dispositivi di skimming. Utilizzate bancomat situati in aree sicure e ben illuminate e coprite la tastiera quando inserite il PIN.

4. Attrazioni turistiche e guide false:

- Diffidate dei venditori ambulanti che vendono tour o biglietti per attrazioni popolari a prezzi sospettosamente bassi. Potrebbero essere truffe o comportare costi nascosti e servizi di scarsa qualità.

- Utilizzate tour operator affidabili e guide autorizzate per le visite e le attività organizzate e cercate recensioni e raccomandazioni prima di prenotare.

5. Truffe di pietre preziose e opere d'arte:

- Fate attenzione quando acquistate pietre preziose, gioielli o opere d'arte da venditori ambulanti o non verificati, perché potrebbero vendere oggetti falsi o di bassa qualità a prezzi gonfiati.

- Acquistate da negozi e gallerie affidabili, con prezzi trasparenti e garanzie di autenticità, e prendete in considerazione la possibilità di ottenere valutazioni per gli oggetti di valore.

6. Truffe in multiproprietà e nei club vacanze:

- Fate attenzione alle offerte di regali o alloggi scontati in cambio della partecipazione a presentazioni di multiproprietà o a seminari di club vacanze. Queste potrebbero comportare tattiche di vendita ad alta pressione e impegni a lungo termine difficili da cancellare.

7. Truffe di finti poliziotti e funzionari:

- Fate attenzione alle persone che si spacciano per agenti di polizia, funzionari governativi o rappresentanti di agenzie turistiche che possono chiedere tangenti o multe per reati inventati.

- Se venite avvicinati da qualcuno che sostiene di essere un funzionario, chiedete di vedere un documento di identità e contattate la vostra ambasciata o il vostro consolato se non siete sicuri della sua legittimità.

8. Piccoli furti e borseggi:

- Tenete al sicuro i vostri effetti personali e fate attenzione nelle aree affollate, nei mercati e nelle attrazioni turistiche dove i borseggiatori possono agire.

- Utilizzate borse o portafogli antifurto, evitate di portare con voi grandi somme di denaro o oggetti di valore e fate attenzione a ciò che vi circonda per evitare i furti.

Rimanendo informati e consapevoli di queste truffe comuni, potete ridurre al minimo il rischio di cadere vittime di frodi o pratiche ingannevoli mentre viaggiate a Bali. Ricordate di fidarvi del vostro istinto, di fare domande e di chiedere assistenza a fonti affidabili se incontrate un comportamento sospetto o non etico.

Conclusione

In conclusione, Bali è una destinazione affascinante che offre ai viaggiatori una miscela unica di bellezze naturali, ricca cultura e vivaci esperienze. Dalle splendide spiagge alle lussureggianti terrazze di riso, dagli antichi templi alle cerimonie tradizionali, Bali affascina i visitatori con le sue diverse attrazioni e la sua calda ospitalità.

In questa guida di viaggio abbiamo esplorato gli elementi essenziali per pianificare un viaggio memorabile a Bali, dai consigli pratici per il trasporto e l'alloggio agli approfondimenti culturali e ai suggerimenti per esplorare le gemme nascoste dell'isola. Che siate alla ricerca di avventura, relax o immersione culturale, Bali ha qualcosa da offrire a ogni viaggiatore.

Nell'intraprendere il vostro viaggio a Bali, ricordate di abbracciare lo spirito di ospitalità dell'isola e il rispetto per la natura e la cultura. Siate sicuri, curiosi e aperti alle meraviglie che vi attendono a Bali.

Con i suoi paesaggi mozzafiato, le sue tradizioni vivaci e le sue comunità accoglienti, Bali promette un'esperienza indimenticabile che vi lascerà incantati anche dopo il vostro ritorno a casa. Quindi fate le valigie, partite per la vostra avventura a Bali e preparatevi a creare ricordi che dureranno tutta la vita. Selamat jalan! (Viaggi sicuri!)

Printed by Amazon Italia Logistica S.r.l.
Torrazza Piemonte (TO), Italy